La pensée qui soigne

Révision : Maryse Barbance
Correction : Anne-Marie Théorêt
Infographie : Chantal Landry

Catalogage avant publication de Bibliothèque et Archives Canada

Brillon, Monique

La pensée qui soigne :
que savons-nous du pouvoir des émotions ?

1. Esprit et corps. 2. Émotions - Aspect physiologique.
3. Guérison par l'esprit. I. Titre.

BF162.B74 2006 152.4 C2005-942312-9

Pour en savoir davantage sur nos publications,
visitez notre site : **www.edhomme.com**
Autres sites à visiter : www.edjour.com
• www.edtypo.com • www.edvlb.com
• www.edhexagone.com • www.edutilis.com

12-05

Dépôt légal : 1er trimestre 2006
Bibliothèque nationale du Québec

ISBN 2-7619-2174-7

DISTRIBUTEURS EXCLUSIFS :

• Pour le Canada et les États-Unis :
MESSAGERIES ADP*
955, rue Amherst
Montréal, Québec H2L 3K4
Tél. : (514) 523-1182
Télécopieur : (450) 674-6237
* Filiale de Sogides ltée

• Pour la France et les autres pays :
INTERFORUM
Immeuble Paryseine, 3, Allée de la Seine
94854 Ivry Cedex
Tél. : 01 49 59 11 89/91
Télécopieur : 01 49 59 11 96
Commandes : Tél. : 02 38 32 71 00
Télécopieur : 02 38 32 71 28

• Pour la Suisse :
INTERFORUM SUISSE
Case postale 69 - 1701 Fribourg - Suisse
Tél. : (41-26) 460-80-60
Télécopieur : (41-26) 460-80-68
Internet : www.havas.ch
Email : office@havas.ch
DISTRIBUTION : OLF SA
Z.I. 3, Corminbœuf
Case postale 1061
CH-1701 FRIBOURG
Commandes : Tél. : (41-26) 467-53-33
Télécopieur : (41-26) 467-54-66
Email : commande@ofl.ch

• Pour la Belgique et le Luxembourg :
INTERFORUM BENELUX
Boulevard de l'Europe 117
B-1301 Wavre
Tél. : (010) 42-03-20
Télécopieur : (010) 41-20-24
http://www.vups.be
Email : info@vups.be

Gouvernement du Québec – Programme de crédit d'impôt pour l'édition de livres – Gestion SODEC – www.sodec.gouv.qc.ca

L'Éditeur bénéficie du soutien de la Société de développement des entreprises culturelles du Québec pour son programme d'édition.

Le Conseil des Arts du Canada
The Canada Council for the Arts

Nous remercions le Conseil des Arts du Canada de l'aide accordée à notre programme de publication.

Nous reconnaissons l'aide financière du gouvernement du Canada par l'entremise du Programme d'aide au développement de l'industrie de l'édition (PADIÉ) pour nos activités d'édition.

Monique Brillon

La pensée qui soigne

LES ÉDITIONS DE L'HOMME

À mon frère Marcel

... que penser, comment penser ? La douleur ne sait pas réfléchir, elle envahit de ronces la pensée, elle pétrifie en désolante statue de sel chaque souvenir qui ose un instant refaire surface à la conscience.

Sylvie Germain,
L'Enfant méduse

Introduction

Au cours de notre vie, nous connaissons tous des épisodes durant lesquels la maladie affecte notre corps. D'aucuns s'estiment chanceux de n'avoir que des affections bénignes passagères telles que rhumes, maux de tête ou troubles digestifs occasionnels, et de jouir d'une bonne santé par ailleurs. D'autres, par contre, sont plus fragiles et plus souvent victimes de maladies. Malgré les différences quant à la gravité, au nombre et à la fréquence des maladies qui nous affecteront, une chose demeure certaine : aucun de nous n'y échappe, et nous mourrons tous un jour.

Devant ces souffrances corporelles, notre premier réflexe consiste le plus souvent à consulter un médecin et à nous en remettre à lui pour comprendre ce qui ne fonctionne pas et y trouver remède. Et c'est bien qu'il en soit ainsi, puisque le médecin est le spécialiste des maladies du corps. Mais est-il le seul à pouvoir dire quelque chose de l'affection qui nous afflige et à pouvoir intervenir ? N'avons-nous pas trop facilement tendance à lui confier l'entière responsabilité de comprendre et guérir la « chose » indésirable qui nous affecte alors qu'elle nous concerne pourtant au plus haut point ? Nous regardons souvent notre corps malade comme un objet extérieur. Nous le traînons chez le médecin un peu comme nous confions notre voiture en panne au mécanicien, et nous nous en remettons à lui pour déterminer la cause du trouble « mécanique ». La machine manque-t-elle de tel ou tel élément de base ? A-t-elle besoin d'être réparée ? Devons-nous ou non changer une pièce défectueuse ? Rares sont ceux qui, tout en consultant leur médecin, s'arrêtent pour réfléchir à ce qui a pu contribuer à l'apparition de leur maladie, à ce qu'elle vient faire dans leur vie à ce moment-là, ou encore pour se demander comment l'expérience de la maladie les affecte et pourquoi. C'est que, bien souvent, la maladie nous dépasse. Notre corps va mal, nous nous sentons impuissants à régler ce dysfonctionnement et attendons que le médecin le fasse. Devant la maladie des autres pourtant, nous sommes prêts à admettre que des émotions, des inquiétudes ou des coups durs aient pu intervenir. Certains vont même jusqu'à penser que ces facteurs peuvent aussi influencer le processus de guérison. Malgré cela, rares sont ceux qui, lorsqu'ils sont malades, contribuent à la démarche diagnostique médicale en s'arrêtant aux aspects psychologiques de leur état et qui participent activement au traitement en mettant à profit leur capacité de penser. Pourtant, quand la maladie nous frappe, c'est tout notre être qui souffre. Comment comprendre alors que nous tenions notre esprit si facilement à l'écart de ce qui nous affecte ?

Devant la maladie du corps, l'esprit ne peut manquer d'être concerné puisque corps et esprit sont profondément imbriqués, tant dans leur existence que dans leur fonctionnement. C'est avec notre corps, avec ses hormones et ses modifications physiologiques, que nous ressentons les émotions. Grâce aux cellules de notre cerveau, nous pensons et nous mémorisons les expériences vécues, cela depuis notre naissance, voire depuis notre conception. Nos émotions et nos pensées ont une influence sur le fonctionnement de nos viscères et vice-versa. Lorsque nous souffrons physiquement, c'est tout notre être, corps aussi bien qu'esprit, qui est engagé dans l'expérience de la maladie. Soigner uniquement le corps et mettre l'esprit entre parenthèses, c'est ignorer une partie de notre souffrance, parfois la plus importante.

Devant la maladie, nous adoptons la plupart du temps une attitude passive, nous attendant à ce que le médecin fasse tout ou presque. Il est pourtant le spécialiste du corps, non de l'âme. Si celle-ci est autant concernée par l'expérience de la maladie, qui s'occupera d'elle ? C'est à nous que revient la responsabilité de la soigner. L'outil dont nous disposons pour ce faire est notre *capacité de penser,* c'est-à-dire de mettre en *images* et en *mots* cette souffrance qui n'a trouvé que le corps pour s'exprimer. La médecine peut s'occuper de la maladie objective, mais nous seuls pouvons penser l'*implicite* de la maladie, c'est-à-dire ce en quoi elle nous interpelle *subjectivement*, comment elle nous fait souffrir, et éventuellement pourquoi elle s'est développée à ce moment précis de notre vie.

Qu'est-ce qui nous permet d'affirmer que l'âme est autant concernée que le corps lorsque ce dernier est malade ? Dans quelle mesure s'occuper d'elle peut-il avoir un impact sur le cours de la maladie ? La pensée aurait-elle le pouvoir de détourner le cours de la biologie ? Dans ce livre, je vous invite à explorer avec moi les échanges mystérieux et fascinants qui se produisent entre le corps et l'esprit, qui parfois peuvent sembler relever de la magie, mais que les recherches scientifiques et les nombreuses observations cliniques cumulées depuis plusieurs décennies parviennent aujourd'hui à expliquer en partie. Dans l'état actuel des connaissances, nous sommes loin d'avoir tout compris des mécanismes psychosomatiques. Il existe cependant de nombreuses hypothèses explicatives que je voudrais partager avec vous, car elles me paraissent particulièrement intéressantes. Je vous propose donc d'explorer le champ vaste et passionnant des théories qui tentent de comprendre les relations étroites unissant le corps et l'esprit. Par quels mécanismes sont-ils reliés ? De quelle façon parviennent-ils à communiquer ? Comment et à quel point la pensée influence-t-elle le fonctionnement du corps ? Quel impact le mental peut-il avoir sur le processus de guérison ? Le psychisme joue-t-il un rôle dans toutes les maladies ? Voilà autant de questions auxquelles je tenterai d'apporter des réponses à la lumière des connaissances actuelles. J'espère ainsi vous montrer comment la pensée peut contribuer au maintien de la santé du corps, et comment, en nous permettant de mettre des mots sur notre souffrance physique, elle peut nous aider à le soigner.

1
Pour éveiller notre pensée…

Quelle ambiguïté d'être obligé de penser une partie de son corps.

Marcel Proust,
À la recherche du temps perdu

Penser fait peur. Voilà une bien curieuse remarque au début d'un livre qui veut traiter de l'influence positive de la pensée. Mais quelle meilleure façon de stimuler notre pensée que de lancer d'entrée de jeu une affirmation plutôt surprenante ? C'est par une réflexion autour de celle-ci que je voudrais introduire l'idée directrice de ce livre, à savoir que la pensée, si nous savons l'apprivoiser, peut nous aider à soigner notre corps.

Si cela est possible, c'est bien parce que corps et esprit forment un tout inséparable. Plusieurs phénomènes en témoignent tant dans la vie courante qu'en situation clinique médicale ou psychologique. Ces observations sont souvent reçues de façon extrême : certains les accueillent avec une foi aveugle, d'autres se montrent sceptiques et prêts à les réfuter. La question des rapports entre le corps et l'esprit soulève parfois, voire souvent, des réactions passionnées, positives ou négatives, quand ce ne sont pas de vraies résistances. Pourquoi d'aussi fortes réactions et d'où viennent ces résistances ? Voilà un autre sujet de réflexion sur lequel nous nous arrêterons un moment pour éveiller notre pensée à cette problématique aussi fascinante que déroutante.

PENSER FAIT PEUR

Quelle drôle d'affirmation, direz-vous peut-être... Penser est au contraire une activité agréable qui nous anime et nous enthousiasme souvent. Ne prenons-nous pas plaisir à réfléchir pour trouver la solution à une énigme, à imaginer la meilleure stratégie pour gagner une partie d'échecs ou la façon la plus rentable de faire des affaires ? Nous aimons discuter, exprimer nos opinions politiques ou d'autres natures, chercher et trouver des solutions inventives aux divers problèmes auxquels nous devons faire face dans notre travail ou dans la vie courante. Nous admirons les gens intelligents qui manient la pensée avec adresse. Comment puis-je donc faire une telle affirmation ?

Il est vrai que, dans bien des cas, nous ressentons beaucoup de plaisir à penser. J'aurais peut-être dû formuler mon idée autrement et dire plutôt : « L'être humain a souvent peur de *certaines* de ses pensées. » En effet, ce n'est pas tant l'acte de penser en soi qui nous effraie, mais plutôt le fait que certaines pensées nous dérangent quand elles surgissent sans que nous ayons souhaité leur présence. Combien de fois n'avez-vous pas entendu la remarque suivante : « J'aime autant ne pas penser à cela… » ? N'entendons-nous pas souvent des gens dire à un proche qui vient de perdre un être cher : « Cesse d'y penser, sors, distrais-toi, c'est mauvais de ressasser des idées sombres, tu ne fais que retourner le fer dans la plaie » ? Combien de fois, tandis que vous vous surpreniez à penser du mal de quelqu'un, voire à souhaiter qu'il lui arrive malheur, n'avez-vous pas été effrayé par ces pensées qui vous viennent malgré vous alors qu'intérieurement vous les condamnez ? Ne vous êtes-vous jamais dit : « C'est terrible d'avoir de telles pensées, je suis un monstre » ? Comme si la pensée pouvait à elle seule engendrer la souffrance, créer le malheur ou tuer réellement quelqu'un.

L'activité de penser qui nous enthousiasme et nous dynamise est initiée par un moteur puissant, soit l'émotion ou l'intention qui la sous-tend. Lorsque nous prenons plaisir à penser, c'est parce que l'émotion, ou le désir, qui nous anime nous est agréable. Nous nous sentons vivants, animés, heureux. Au contraire, lorsque quelque chose nous fait souffrir, une situation conflictuelle, une perte subie ou anticipée, un souvenir douloureux, nous avons tendance à rejeter rapidement toute pensée qui nous y ramène, et à juger malsain le fait de nous y attarder. Les pensées qui nous font peur sont celles qui véhiculent de la souffrance ou que notre sens moral condamne.

Certains diront qu'il est mauvais de ruminer un malheur qui nous accable, que cela ne nous apporte rien, que, ce faisant, nous ne parvenons qu'à tourner en rond et à entretenir notre douleur. C'est à la fois vrai et faux. Ressasser toujours les mêmes pensées négatives peut en effet ressembler davantage à de la rumination qu'à un travail de pensée efficace. L'individu entretient sa rancœur ou sa peine et n'arrive pas à résoudre le problème qui le perturbe. Dans ce cas, la douleur, loin de s'apaiser, s'en trouve intensifiée. Mais il n'en est pas toujours ainsi. Nous pouvons penser à une situation douloureuse dans le but de mieux comprendre pourquoi et comment elle nous affecte afin de trouver une façon d'être moins dérangés par elle. Penser de cette façon, c'est mettre en marche les pouvoirs créateurs de notre cerveau.

Lorsque nous nous empêchons systématiquement de penser à ce qui nous fait mal par peur de tourner en rond, sans le savoir, nous nous tendons à nous-mêmes un fameux piège. Ce qui nous fait souffrir n'en existe pas moins et continue à notre insu de faire des ravages en nous. Il est vrai qu'y penser peut momentanément raviver notre souffrance parce que, lorsque nous concentrons notre attention sur la situation désagréable, nous devenons plus conscients de l'impact qu'elle a sur nous. Mais une souffrance intérieure que nous cherchons à éviter est aussi une source de stress et d'angoisse. Les recherches montrent bien comment les émotions négatives, si nous ne leur trouvons pas d'issue mentale par la voie de la pensée, risquent de détériorer à petit feu notre état de santé et de nous conduire éventuellement à la maladie. La pensée, même si elle comporte parfois un côté désagréable, contribue à évacuer la tension interne, car elle suscite la montée de l'émotion qui peut ainsi se décharger, par des pleurs ou de la colère, par exemple. Une fois la tension diminuée, la pensée libérée peut déployer son pouvoir créateur afin de nous amener à une solution constructive. Mais pour cela, nous devons permettre à nos pensées de s'élaborer en nous !

Si, en pensant à quelque chose de douloureux, nous avons le sentiment de ruminer et d'exacerber notre douleur, cela peut signifier que notre pensée n'arrive pas à devenir créatrice. En ce cas, il se peut qu'elle soit bloquée du fait d'automatismes inconscients. Nous ressassons encore et encore les mêmes pensées, nous devenons de plus en plus pessimistes et découragés, ou de plus en plus en colère, et nous ne parvenons pas à envisager la question différemment. Cette situation peut se comparer à l'eau d'un ruisseau qui, empêchée de suivre son cours par une grosse branche tombée en travers de son lit, tournerait sur elle-même. Une intervention extérieure est alors nécessaire pour enlever la branche nuisible et libérer le courant. Lorsque nous avons le sentiment de tourner en rond, il est possible que nous ayons besoin d'un éclairage autre pour nous aider à sortir nos pensées de l'ornière dans laquelle elles s'enlisent. En parler à quelqu'un d'extérieur à la situation peut nous aider à regarder celle-ci sous des aspects que nous n'avions pas vus parce que nous étions trop pris dedans. Il peut s'agir d'un ami intime en qui nous avons confiance, ou d'un psychothérapeute si le blocage persiste et nous paralyse.

QUELQUES OBSERVATIONS

Dans le langage

De tout temps, l'être humain a eu l'intuition qu'un lien étroit existe entre ses émotions et ses réactions corporelles. La langue française, héritage très ancien et véhicule de notre culture, est pleine d'expressions faisant référence au corps pour exprimer une émotion. En voici quelques-unes : « Je ne le digère pas », « Cela me tape sur les nerfs », « Je ne peux pas voir ça », « Je ne peux pas la sentir », « J'en ai plein le dos » ou « plein les bras », « Elle en a gros sur le cœur », « J'en avais les jambes sciées », « Il a le cœur sur la main », « Cet homme a du cœur au ventre », etc. La liste pourrait être allongée à l'infini. Nous utilisons ces expressions machinalement sans nous arrêter à la vérité qu'elles traduisent, c'est-à-dire aux liens étroits qui existent entre nos sensations et nos réactions corporelles, d'une part, et nos émotions, d'autre part. Nous y recourons pour faire image au moment où, bien souvent, la réaction physiologique à laquelle ces expressions se réfèrent n'est même pas présente. Lorsque nous disons, par exemple, à une personne atteinte de problèmes digestifs à la suite de difficultés relationnelles, ou souffrant de maux de dos alors qu'elle croule sous le poids des responsabilités, « Tu ne le digères pas » ou « Tu en as plein le dos », il est probable que cette personne nous réponde par un sourire poli, tout en pensant que nous n'avons rien compris à sa douleur. Dans le meilleur des cas, elle admettra intellectuellement qu'il existe peut-être un lien entre son malaise physique et ce qu'elle vit, sans toutefois le ressentir profondément. Tout se passe comme si l'être humain « connaissait » les liens entre l'esprit et les réactions du corps, mais qu'il s'efforçait de les ignorer quand ce dernier se met à « parler » en développant un symptôme. Devant un corps malade de ses émotions, le psychisme se bouche les oreilles ! Curieux, n'est-ce pas ? Comment expliquer ce refus d'entendre ?

Dans la vie courante

Vous avez sûrement déjà entendu parler de l'*effet placebo*. Un faux médicament (pilule ne contenant qu'un peu de sel et d'eau, par exemple) peut avoir un effet bénéfique sur la santé lorsque la personne qui le prend croit fermement à son efficacité. L'être humain est très sensible à la suggestion, même à celle qui s'adresse à son fonctionnement corporel. Un produit quelconque se révèle d'une efficacité surprenante du seul fait que celui qui le prend a une très grande confiance en la personne qui le lui a suggéré, médecin ou ami. La recherche en pharmacologie tient d'ailleurs compte de cette réaction subjective bien connue depuis longtemps. Lorsqu'on teste l'efficacité d'un médicament, un placebo est administré à un groupe de sujets, tandis qu'un autre groupe reçoit le vrai médicament. Ni les chercheurs qui distribuent le médicament ni les individus sur qui il est testé ne savent qui reçoit le placebo et qui reçoit le vrai traitement. L'effet placebo peut effectivement jouer chez n'importe qui, même chez la personne la plus avertie, car il agit inconsciemment. Quelqu'un qui considérerait que l'effet placebo relève de la simple superstition ou de la pensée magique n'est pas plus à l'abri que qui que ce soit d'autre.

J'ai mentionné l'importance que joue la relation de confiance entre le malade et son médecin. Le personnel soignant, tant dans les hôpitaux que dans les services de consultation externe, connaît bien cette réalité. Interrogez une infirmière et elle vous dira combien la *qualité du lien* unissant le malade à son intervenant, médecin, infirmière ou autre, importe dans l'acceptation et l'efficacité d'un traitement, quel qu'il soit. Plusieurs recherches épidémiologiques montrent également l'importance que revêt l'entourage affectif du patient dans le processus de guérison : une personne bien entourée a plus de chances de mieux récupérer d'une maladie. Lorsqu'un patient doit, par exemple, subir une intervention chirurgicale délicate présentant des risques élevés pour sa vie, le fait de sentir que ses proches désirent qu'il vive a un impact certain sur l'énergie qu'il déploiera dans sa lutte pour survivre. À l'inverse, une personne délaissée ou qui entretient des relations conflictuelles avec son entourage met souvent plus de temps à guérir, et peut même présenter plus fréquemment des résistances aux traitements et des complications de toutes sortes venant affecter le processus de guérison.

L'*attitude consciente* du patient face à sa maladie et au traitement qui lui est proposé joue aussi un rôle essentiel dans le processus de guérison. Le malade se montre-t-il combatif ou vaincu d'avance ? Pessimiste ou confiant face à l'évolution de son état ? Après l'annonce de sa maladie, a-t-il décidé de mordre dans la vie ou de se laisser aller ? Vous avez peut-être connu quelqu'un qui a guéri d'une maladie habituellement mortelle grâce à sa détermination et à la conviction profonde qu'il avait de pouvoir vaincre le mal dont il était atteint. À l'inverse, certaines personnes sont écrasées par le diagnostic, elles perdent alors espoir, se sentent vaincues d'avance et démissionnent. Dans ces cas, il n'est pas rare de voir la maladie évoluer très rapidement. Cet aspect est de plus en plus pris en compte dans les hôpitaux, en particulier dans les départements d'oncologie. Par des techniques d'imagerie ou de rêve éveillé, les patients atteints de cancer sont invités à combattre celui-ci en adoptant des attitudes positives.

Les *dispositions inconscientes* face à la maladie sont souvent encore plus déterminantes que l'attitude consciente parce qu'elles échappent à la vigilance de l'individu. Une personne malade peut résister aux traitements qui sont habituellement efficaces, présenter diverses complications (allergies aux médicaments, infections qui se surajoutent, etc.) parce qu'inconsciemment elle a démissionné, ou qu'en raison d'une forte culpabilité inconsciente elle ne se donne plus le droit de vivre, ou encore parce qu'elle entretient à son insu une grande colère envers ses proches, qu'elle souhaite punir en les obligeant à prendre soin d'elle. La guérison, qui aurait pu être rapide en temps normal, s'éternise et peut même s'avérer impossible. Le plus étrange est que bien souvent l'entourage immédiat, parents, amis et personnel soignant, pressent que des aspects psychiques sont en cause. Il peut même parfois l'exprimer, mais du bout des lèvres, par peur d'être rabroué par le patient ou accusé de ne rien comprendre à sa souffrance.

Les intuitions personnelles

Certaines personnes ont au fond d'elles-mêmes l'intuition que des facteurs psychiques sont en jeu dans le développement de leur maladie. Elles cherchent à en parler avec leur médecin, mais il arrive que ce dernier demeure sourd à leurs propos. Un homme, asthmatique depuis l'enfance, est venu me consulter parce qu'il pressentait que certains liens existaient entre l'éclosion de ses crises et des facteurs psychologiques qu'il n'arrivait pas à identifier et qu'il voulait tenter de comprendre. Il avait observé, à sa propre surprise, que, lorsqu'il se présentait au service des urgences d'un hôpital parce qu'une crise aiguë l'assaillait et qu'il ne parvenait pas à l'enrayer à l'aide de ses médicaments habituels, la crise se résorbait assez rapidement et avant même qu'on lui porte assistance. Devant cet état de choses, il avait pris l'habitude de se rendre à l'hôpital qui se trouvait près de chez lui, de s'asseoir dans la salle d'attente sans demander d'aide et d'attendre que la crise cesse. Il avait parlé de cela à plusieurs médecins qu'il consultait pour son asthme, mais aucun n'y avait attaché d'importance. Une telle attitude de la part des soignants peut sembler étonnante quand on sait que les aspects psychologiques de l'asthme sont bien connus par la communauté médicale. Elle est un autre exemple d'une situation dans laquelle, tout en connaissant l'existence des liens entre corps et esprit, une personne peut se montrer sourde à les reconnaître lorsqu'elle y est confrontée. Cette réaction est très humaine et nul n'en est épargné, pas même ceux qui croient fermement à l'existence de ces liens et qui les étudient scientifiquement. Elle fait partie des résistances habituelles et constitue un phénomène qui ajoute à la complexité des rapports entre le corps et l'esprit.

Parmi les personnes intuitives, certaines vont suivre ce qu'elles ressentent intérieurement et consulter d'elles-mêmes un psychologue pour tenter de mieux comprendre leurs problèmes de santé physique, même si leur médecin n'est pas en accord avec leur démarche. D'autres vont tout simplement se sentir incomprises, mais n'oseront pas aller plus loin. Devant l'affirmation du professionnel à qui elles attribuent tout le savoir, ces personnes mettront de côté ce qu'elles ressentent, occultant ainsi tout un pan de leur souffrance.

Des observations provenant des consultations

Des observations médicales

Les résultats d'une étude épidémiologique québécoise menée en 1988 montrent que 21 % des individus de la population générale consultent un médecin pour un symptôme physique influencé par un facteur psychologique. L'enquête *Santé-Québec* de 1995 porte ce pourcentage à 26 %, soit une augmentation de 5 % (dans Lalonde, Aubut, Grunberg et collab., 1999, p. 476). J'ai travaillé comme psychologue consultante dans une clinique médicale et j'ai pu constater la véracité de ces observations. Les médecins de pratique générale reçoivent souvent en consultation des personnes qui se plaignent de divers maux physiques sans qu'aucune maladie ou lésion ne puisse être clairement diagnostiquée. Il peut s'agir d'une fatigue persistante dont on ignore les causes, de douleurs musculaires sans raison évidente, de sensations d'oppression au niveau de la poitrine sans affection cardiaque reconnue, de brûlures d'estomac sans ulcère avéré, de céphalées diverses en l'absence de lésion neurologique, de crampes intestinales. La médecine parle alors de *troubles fonctionnels* au sens où il existe un dérèglement d'une fonction corporelle mais sans qu'une maladie soit identifiée. Ces symptômes sont pourtant bien réels et la personne souffre dans son corps. Le médecin, ne pouvant diagnostiquer de maladie, impute généralement ces symptômes au stress. Il explore le contexte de vie du patient, recommande à ce dernier de prendre du repos et peut même lui prescrire des tranquillisants, voire des antidépresseurs, souvent avec succès.

Mais le problème est-il réglé pour autant ? De fait, un symptôme physique de cette nature remplace souvent un malaise autre qui ne trouve pas de mots pour s'exprimer. Comment avoir accès à ce qui n'a pas de mots pour se faire entendre ? Cette question traduit toute la complexité des rapports existant entre le corps et le psychisme, de leur mode de communication, des échanges énergétiques dans lesquels ils sont impliqués.

Des observations psychologiques

Dans leurs cabinets de consultation, les psychologues aussi observent des phénomènes illustrant les rapports étroits qui existent entre le psychisme et le fonctionnement corporel. Depuis que je travaille comme psychothérapeute, j'ai pu observer à diverses reprises qu'un individu peut ressentir un soulagement de sa souffrance psychique (disparition de l'angoisse ou de l'affect dépressif) au moment où son corps tombe malade. Dans notre société, la douleur physique attire la sympathie des autres, et par conséquent leur attention, alors que la souffrance morale est souvent mal comprise et critiquée. L'entourage reproche à la personne déprimée de ne rien faire pour s'en sortir et de trop s'écouter. Il l'incite à se prendre en main, la pousse à se changer les idées ou l'inonde de conseils. La personne se sent incomprise, ce qui augmente son sentiment de solitude et la porte à s'isoler davantage. Comme elle ne parvient pas à suivre les conseils qui lui sont prodigués, elle se culpabilise, ce qui renforce sa dépression. Il en est de même pour les personnes paralysées par l'angoisse. L'individu angoissé ou déprimé, qui ressent un grand besoin d'être soigné, critique lui-même ce besoin comme étant déplacé et injustifié. La maladie physique rend plus acceptable le besoin de soin, car l'entourage y répond souvent mieux.

Les psychothérapies à long terme permettent de faire une autre observation : certains troubles récurrents tels que les céphalées de tension, les migraines, les laryngites à répétition, disparaissent en cours de traitement, et ce, sans qu'il en ait jamais été ouvertement question lors des entrevues. Comment la parole, outil principal de la psychothérapie, peut-elle avoir cet effet sur le fonctionnement corporel ? L'observation la plus impressionnante qu'il m'ait été donné de faire au cours d'une psychothérapie a résidé dans la disparition presque complète d'une endométriose sévère[1] chez une de mes clientes. Cette femme avait entrepris sa psychothérapie au début de la trentaine parce qu'elle éprouvait des difficultés à composer avec l'autorité et une incapacité à vivre une relation de couple satisfaisante, motifs qui n'avaient apparemment rien à voir avec son problème de santé physique. Nous travaillions depuis quelques mois déjà quand, un jour, elle se présente en entrevue en larmes : elle sort tout juste d'une consultation chez son médecin qui lui suggère de se faire faire une hystérectomie (ablation de l'utérus) afin de ne plus souffrir de l'endométriose qui l'affecte. Elle est

1. L'endométriose est une maladie de l'endomètre, muqueuse qui tapisse l'utérus.

en état de choc. C'est alors que j'apprends qu'elle est touchée par cette affection depuis l'adolescence et que ses symptômes la handicapent au point qu'elle doit s'aliter pendant un ou deux jours à chaque menstruation. Tous les traitements médicaux qu'elle a tentés depuis sa jeunesse ne lui ont apporté que des soulagements minimes et passagers. C'est devant leur inefficacité que son médecin en est venu à lui faire cette suggestion. Remplie de colère, elle répète à plusieurs reprises durant la séance : « Jamais ils ne vont m'enlever quoi que ce soit, c'est à moi ça, je ne veux pas qu'ils y touchent, de toute façon, ils n'y comprennent rien, c'est de l'angoisse ! » Je l'écoute sans dire un mot, impressionnée à la fois par sa colère et sa détermination à ne pas accepter l'intervention, mais surtout par sa certitude quant aux liens éventuels entre cette affection et « quelque chose » de psychique qui lui échappe encore mais qu'elle veut comprendre. Je dois avouer que je l'ai alors trouvée très téméraire. J'ignore si, à sa place, j'aurais fait preuve de la même conviction et de la même détermination. De plus, comme je débutais moi-même dans ma pratique clinique, je me sentais plutôt incompétente devant ce qui m'apparaissait être une demande de « guérir » son endométriose par la psychothérapie ! Je craignais qu'elle n'entretienne de faux espoirs vis-à-vis de ce qu'une psychothérapie peut apporter. Mais comme j'ai toujours cru aux liens étroits entre corps et esprit, l'aventure me tentait. Cela dit, je me méfiais de l'irréalisme de mes propres attentes... J'ai donc décidé de consulter une psychiatre psychosomaticienne afin qu'elle me guide dans la conduite de cette psychothérapie. C'est à ce moment de ma carrière que j'ai commencé à m'intéresser à la psychosomatique et qu'ainsi j'ai fait la découverte de cet univers vaste et passionnant qui ne cesse de me captiver depuis lors.

Pour ce qui est de ma cliente, après cette entrevue, elle ne m'a plus jamais reparlé de son endométriose. Par contre, elle m'a abondamment parlé de sa féminité qu'elle vivait difficilement, de ses conflits avec les hommes, avec son père en particulier. Il a aussi été amplement question de ses rapports avec sa mère, des échanges conflictuels qu'elle avait avec celle-ci et qu'elle avait souvent vécus comme des abus de pouvoir s'exerçant à travers des soins corporels tels que des lavements intestinaux à répétition. Une foule d'autres sujets concernant son rapport à son corps, à sa sexualité et à la maternité ont également fait l'objet d'élaboration de sa part. Après quelques mois de ce travail intense, elle se présente un jour en entrevue toute souriante, m'annonçant qu'elle a ses menstruations et que, pour la première fois, elle n'a pas de douleur ! Elle est même allée nager ce matin-là. Les examens médicaux subséquents noteront une nette régression de l'endométriose, et il ne sera plus question d'opération... Que s'est-il passé durant la thérapie pour que son corps réagisse de la sorte ? Quel lien y avait-il entre son endométriose, sa façon de vivre sa féminité et son rapport aux hommes ? Comment le fait d'en parler a-t-il pu agir sur son symptôme physique ? Voilà le genre de questions auxquelles j'ai été amenée à réfléchir durant cette thérapie et auxquelles je vous invite à réfléchir avec moi dans les chapitres qui suivent. Cette première confrontation avec le corps malade, dans mon bureau de psychologue, a nourri ma certitude selon laquelle il est impossible de séparer corps et esprit. Et même si, par la suite, j'ai pu me rendre compte que tous les cas ne se résolvent malheureusement pas de façon aussi spectaculaire, j'ai tout de même développé la conviction qu'un corps malade se doit d'être pensé et parlé si on veut bien le comprendre et le soigner.

LES RECHERCHES EN PSYCHOSOMATIQUE

Avant que ne débutent des recherches sérieuses et approfondies, des thérapeutes ont avancé des hypothèses extrêmes et farfelues sans se soucier de les vérifier. Certains ont prétendu, par exemple, que les maladies du cœur proviennent de la répression de l'amour, que les ulcères de l'estomac sont des maladies de l'âme, que le cancer de l'utérus découle d'une culpabilité liée au fait de ne pas être mère. Ces hypothèses montrent combien il est facile de tomber dans une pensée simpliste.

Les premières recherches sérieuses en psychosomatique ont été menées par une équipe de psychanalystes de l'École de Chicago dirigée par Frantz Alexander. À partir d'observations, cette équipe a pu faire des rapprochements entre des maladies physiques spécifiques et certaines caractéristiques du *fonctionnement mental* des individus qui en étaient atteints. Par fonctionnement mental, on entend, par exemple, la façon de composer avec l'agressivité, avec les besoins d'affection et de dépendance, etc. C'est ainsi que les chercheurs en sont venus à identifier sept maladies dites psychosomatiques: l'ulcère à l'estomac, la colite ulcéreuse, l'hypertension artérielle, l'asthme, les dermites d'origine nerveuse, l'arthrite rhumatoïde et l'hyperthyroïdie. Ces chercheurs ont noté que l'importance des facteurs émotifs dans ces maladies varie d'un individu à l'autre. Des études, également américaines et menées auprès de personnes atteintes de cancer, ont pu établir des corrélations positives entre une problématique de *deuil* mal résolu sur le plan psychologique et le développement d'un cancer dans les mois ou années qui ont suivi la perte. D'autres recherches, portant sur des cardiaques, ont noté l'existence de *traits de personnalité* spécifiques chez les individus atteints de maladies coronariennes. L'incidence de ces traits était si fréquente qu'ils ont été désignés sous le terme de « personnalité de type A », soit des gens compétitifs, impatients, impulsifs et qui répriment leur agressivité, des gens qui sont souvent préoccupés par l'idée de ne pas perdre une minute, qui sont incapables de se reposer et ont un grand besoin de performance.

Par la suite, des études menées par d'autres chercheurs sont venues infirmer ou nuancer ces premières hypothèses. Les liens entre cancer et deuil, par exemple, ne s'observent pas dans tous les cas. Il ne faut donc pas inférer que toute personne développant un cancer a connu un deuil problématique, ni que tous les individus affectés par le deuil développeront à coup sûr un cancer. Les observations recueillies indiquent simplement que la coexistence est suffisamment fréquente entre les deux phénomènes pour que l'on puisse sérieusement faire l'hypothèse qu'il existe un lien entre eux, dans certains cas tout au moins. Le même raisonnement s'applique aux études sur la personnalité des cardiaques : même si la personnalité de type A caractérise souvent les gens atteints de maladies du cœur, tous les cardiaques n'ont pas ce type de personnalité et toutes les personnes présentant ces traits de personnalité ne développeront pas automatiquement des maladies coronariennes. On ne peut que remarquer la fréquence significative de la juxtaposition de certaines caractéristiques personnelles avec le développement de maladies du cœur. Quant aux hypothèses concernant le fonctionnement mental et les maladies psychosomatiques, elles non plus ne peuvent être généralisées, bien que l'incidence psychologique sur ces maladies soit reconnue.

À l'heure actuelle, les recherches qui tentaient de faire correspondre terme à terme telle maladie avec tel événement survenu dans la vie du patient, tel trait de son caractère ou encore telle manifestation de son fonctionnement psychique, ont été délaissées parce que les observations réalisées ne se vérifient pas dans tous les cas. La fréquence des concordances témoigne néanmoins des liens étroits unissant le corps et l'esprit. Quant à l'impossibilité de généraliser, elle ne fait que souligner l'extrême complexité de ces liens et montrer que nous n'avons pas encore fini de les comprendre. Plutôt que de chercher à cerner des facteurs spécifiques qui seraient responsables du déclenchement des maladies, la recherche actuelle s'attarde plutôt à mieux comprendre le fonctionnement du psychisme dans ses rapports avec le corps. Quant à l'appellation « maladie psychosomatique », elle a aussi été délaissée étant donné les grandes variations individuelles des facteurs psychologiques qui sont en jeu. À l'heure actuelle, on s'accorde plutôt à penser que ce sont les êtres humains plutôt que les maladies qui sont psychosomatiques.

LES RÉSISTANCES À L'IDÉE QU'IL EXISTERAIT DES LIENS ENTRE LE CORPS ET L'ESPRIT

En présentant les observations qui précèdent, j'ai mentionné à deux reprises un fait étrange et surprenant : il n'est pas rare qu'une personne capable de reconnaître intellectuellement que l'esprit peut avoir une influence sur le corps se montre tout à coup sceptique devant certaines manifestations de cette influence. Peut-être qu'en me lisant vous avez vous aussi oscillé entre deux attitudes contradictoires. Devant certaines affirmations, vous avez pu vous sentir en accord avec moi et il vous est même venu en tête quelques exemples illustrant mon propos. Pourtant, à d'autres moments, vous vous êtes montré sceptique, prêt à réfuter mes arguments un à un ou à formuler un commentaire susceptible de les mettre en doute. Peut-être même avez-vous eu envie de refermer vivement ce livre en vous disant : encore une de ces illuminées qui prétend que la pensée peut tout ! Mais si vous êtes encore en train de lire ces lignes, c'est que vous avez malgré tout résisté à cette tentation – est-ce parce que quelque chose vous intrigue et vous attire dans mes propos et que vous avez envie d'en savoir davantage ?

J'ai souvent constaté, en discutant avec des étudiants ou des amis, que ce sujet ne laisse personne indifférent et que les réactions oscillent généralement entre deux pôles extrêmes. La question soulève toujours de l'intérêt, parfois même une fascination à peine voilée, mais elle déclenche en même temps de fortes réactions émotives, tantôt positives (croyance aveugle en la toute-puissance de l'esprit et de la pensée), tantôt négatives (rejet violent de toute possibilité d'influence du psychisme sur le corps selon l'argument que celle-ci est impossible à prouver). Il arrive également que la même personne exprime sa certitude, de façon générale, quant à l'existence de ces phénomènes, mais affiche un scepticisme émotif devant un cas spécifique, le sien notamment. Il est en effet aisé de reconnaître les manifestations psychosomatiques chez quelqu'un d'autre, mais lorsqu'il s'agit de soi, de ses propres maladies, la réaction peut être tout autre. Il arrive aussi qu'une personne admette que la tension suscitée par une réunion de travail houleuse soit à l'origine de son mal de tête, mais qu'elle refuse l'idée que des facteurs psychiques soient en cause si elle est atteinte d'une affection plus grave. Et quand un psychosomaticien évoque des cas surprenants, les oppositions fusent, quand ce ne sont pas les boucliers qui se lèvent… L'être humain réagit comme si reconnaître l'intervention du psychisme sur son état de santé constituait pour lui une menace et que, devant ce danger, il préférait l'ignorer.

La plupart du temps, lorsque le diagnostic médical ne fait pas de doute et qu'il identifie clairement une cause au mauvais fonctionnement du corps (virus, bactérie ou autre), l'individu malade considère cette cause comme l'explication immuable et unique de son état. S'il a pu penser que certains facteurs psychiques ont joué un rôle dans le développement de sa maladie, la confirmation qu'il existe une cause identifiable l'amène souvent à reléguer ceux-là au second plan, comme si, dans son esprit, les deux ne pouvaient pas jouer de pair. Il cesse alors de penser activement à sa maladie et en devient un spectateur passif, laissant au médecin la totalité de la prise en charge de son corps malade. À l'annonce du diagnostic médical, il arrive même fréquemment que la personne se trouve soulagée, comme si la dimension concrète du verdict biologique la justifiait de rejeter les questions dérangeantes à propos de son malaise, de sa fatigue, de sa perte d'énergie, questions qui l'avaient peut-être hantée jusqu'à ce moment-là. N'avons-nous pas là un autre exemple de la résistance à reconnaître l'influence de facteurs psychologiques sur la santé du corps ? Pourquoi en est-il ainsi ? Comment expliquer ces résistances ? Plusieurs facteurs sont en cause, la plupart tenant au fonctionnement même de notre esprit.

La subjectivité

Il est généralement difficile, pour l'esprit humain, de reconnaître l'influence de facteurs qui échappent à la raison et à la démonstration scientifique. Devant le manque d'explications concrètes et logiques, nous avons tendance à nier l'existence de ce qui s'avère impossible à prouver ou encore à dire que si des phénomènes apparaissent étranges, c'est que la supercherie n'a pas été démasquée ni l'illogisme expliqué. Or, pour comprendre comment des facteurs psychiques agissent sur l'état de santé du corps, nous n'avons pas d'autre alternative que de nous fier au point de vue subjectif de l'individu, car, le plus souvent, c'est lui-même qui pressent ces liens, et nous ne disposons que de son témoignage. Si les premières recherches en psychosomatique ne sont pas parvenues à des résultats généralisables, c'est parce que la *subjectivité* est grandement en cause dans les manifestations psychosomatiques. Chaque cas est unique et les modalités de communication entre corps et esprit sont hautement personnelles. Pour les comprendre, il faut procéder au cas par cas. Il ne peut exister d'explication psychosomatique universelle à l'apparition d'un symptôme donné. C'est la subjectivité de chacun qui intervient, c'est donc celle-ci qu'il faut interroger si l'on veut comprendre les rapports entre corps et esprit.

Je reviendrai souvent sur la notion de *subjectivité* tout au long de ce livre, car elle est essentielle à la compréhension des interactions entre corps et esprit. Dans la pensée de tous les jours, la subjectivité a souvent mauvaise presse. Elle est associée au farfelu, à l'invention pure, à l'imagination dérangée qui ne tient pas compte de la réalité. Quand nous disons de quelqu'un qu'il est « subjectif », nous ne sommes pas loin de sous-entendre qu'il se trompe, que sa vision est biaisée, qu'il manque de réalisme. De là à ne pas ajouter foi à ses dires, il n'y a qu'un pas. En psychosomatique, par contre, la subjectivité ne revêt nullement ce sens négatif. Au contraire, elle est même au centre de la recherche. Après avoir constaté l'impossibilité de les généraliser, les recherches modernes ont cessé de s'intéresser aux causes psychiques qui sont susceptibles d'occasionner des maladies physiques. À l'heure actuelle, elles s'efforcent plutôt de comprendre les lois générales du fonctionnement psychique dont la subjectivité relève. Le terme de subjectivité désigne ce qui caractérise personnellement chacun de nous, ce qui distingue notre fonctionnement psychique de celui d'autrui, ce qui rend compte de notre individualité, de notre façon toute personnelle de penser et de ressentir, de composer avec les énergies physique et psychique dont nous disposons. Dans la maladie, l'organe biologique n'est pas le seul atteint. Tout l'être souffre et vit cette maladie à travers sa subjectivité. La maladie a elle-même un impact sur l'être au sens où elle peut mobiliser toute son attention et son énergie ainsi que provoquer des sentiments dépressifs, de l'anxiété, etc. De son côté, l'être peut lui aussi avoir un effet sur la maladie, car il se trouve engagé dans cette expérience du fait de sa subjectivité. Il arrive en effet parfois que celle-ci ait contribué à la préparation et à l'apparition de la maladie, et elle jouera à coup sûr un rôle dans le processus de guérison.

Du point de vue de la réalité extérieure, il est possible de reprocher à la réaction subjective de manquer d'objectivité et parfois même de frôler l'invention pure, comme c'est le cas dans les délires psychotiques. Mais du point de vue de l'individu, sa subjectivité représente *sa vérité* la plus fondamentale. Elle témoigne de la manière dont ses expériences passées ont influencé sa façon de sentir et de penser aujourd'hui. De ce fait, elle seule peut le guider dans la compréhension de ses réactions personnelles, même si parfois celles-ci semblent irréalistes à un observateur extérieur. La subjectivité utilise ce merveilleux pouvoir dont seul l'esprit humain est doté, qui consiste à se regarder agir, éprouver, sentir et « penser des liens » entre les diverses expériences dont il est le siège. C'est ce qui s'appelle l'introspection. La dimension subjective ne peut être appréhendée que par cette dernière ; c'est pourquoi quelqu'un d'extérieur à l'individu, pour y avoir accès, doit se fier à ce qu'en dit la personne elle-même : ce que celle-ci ressent constitue sa vérité.

La responsabilité de chacun face à son état de santé

Reconnaître l'influence de facteurs psychiques sur l'état de santé ou de maladie de notre corps, c'est admettre que nous avons une certaine part de « responsabilité » dans le fait d'être ou non en bonne santé. Cette idée nous fait souvent sursauter. Pourquoi ? Parce que penser que nous avons une responsabilité dans l'apparition de notre maladie suscite notre culpabilité, ce qui augmente en retour notre anxiété face à la maladie. Et comme nous ignorons la plupart du temps de quoi nous nous serions rendus coupables, notre malaise n'en est que plus grand.

Si notre psychisme a pu contribuer d'une quelconque façon au développement de notre maladie, c'est à notre insu que cela s'est produit. Lorsque quelqu'un tombe malade, non seulement il ne soupçonne pas la part qu'il a pu prendre dans ce processus, mais il ne sait pas non plus ce qu'il peut faire pour contrer son état. Concevoir que nous sommes pour quelque chose dans l'apparition de la maladie qui nous afflige, alors que nous ne sommes pas en mesure de comprendre de quelle façon ni d'envisager une manière d'améliorer notre état, est un sentiment très pénible, et la tentation de rejeter cette idée est forte. De plus, cela heurte notre narcissisme et notre besoin de croire que nous contrôlons notre propre vie.

L'idée que nous sommes responsables de notre état de santé est souvent fort mal comprise parce qu'elle est interprétée au niveau de l'intentionnalité consciente. Or, dire de quelqu'un qu'il est responsable de son état de santé ne sous-entend nullement, par exemple, qu'il pourrait s'être volontairement « donné un cancer » ou quelque autre maladie. Une telle affirmation est aberrante puisque les mécanismes psychiques qui interviennent dans le fonctionnement corporel sont fort complexes, ne sont nullement délibérés et échappent la plupart du temps à la conscience de la personne elle-même. La *responsabilité* est à distinguer de la culpabilité. Être responsable signifie que tout l'être est impliqué dans l'expérience de la maladie, mais cette implication peut très bien ne pas être consciente, ni volontaire. Au contraire, la *culpabilité* suppose une intentionnalité délibérée et consciente. Avancer l'idée que des facteurs psychiques sont entrés en jeu dans l'éclosion d'une maladie ne veut pas nécessairement dire qu'ils l'ont « causée ». Cela signifie plutôt que, du point de vue du spécialiste, le développement de cette maladie à ce stade-ci de la vie de son patient peut se comprendre en raison des caractéristiques du fonctionnement psychosomatique propre à ce patient, c'est-à-dire de sa façon personnelle (et inconsciente) de composer avec l'énergie dont il dispose. Or, dans la mesure où les éléments qui ont contribué au développement de la maladie sont intervenus à l'insu du patient, celui-ci ne pouvait éviter de tomber malade par sa seule volonté. Le fonctionnement psychosomatique fait partie intégrante de ce que nous sommes. C'est lui qui règle la distribution énergétique au sein de notre organisme entre le corps et l'esprit. Nous ne pouvons le modifier en quelques minutes ni même en quelques jours par notre simple volonté. Cette idée fondamentale fera l'objet du chapitre « De l'énergie à investir ».

Les résistances dues au fonctionnement même du psychisme

Les résistances que nous mettons à reconnaître l'interaction entre corps et esprit lorsque la question nous concerne personnellement s'expliquent en grande partie par les mécanismes du fonctionnement psychosomatique de l'être humain. Vous souvenez-vous de cette réflexion dont j'ai fait état précédemment : tout se passe comme si, alors que le corps se met à parler par un symptôme, le psychisme faisait la sourde oreille ? Dans cet ordre d'idées, certaines théories actuelles avancent que, dans la maladie, le corps prend à son compte une certaine partie de la tension interne que le psychisme n'a pas été en mesure d'identifier (en termes d'émotions), ni de canaliser par les voies mentales habituelles (rêves, fantasmes, etc.). Autrement dit, si le psychisme ne remplit pas bien ses fonctions, le corps risque de s'en trouver malade. La maladie physique signerait donc une certaine déficience, temporaire ou permanente, de l'activité psychique. Pour cette raison, le silence du psychisme et les résistances à admettre sa part de responsabilité dans la maladie ne doivent pas surprendre : de fait, si le corps est malade, c'est justement parce que le psychisme n'est pas fonctionnel.

2
L'être humain est un tout

... les meurtrissures laissées par ces journées interminables où la douleur me sectionnait tout l'esprit et le corps.

MARIE UGUAY,
Journal

« L'être humain est un tout et fonctionne comme un tout. » Cette affirmation constitue le postulat de base de l'ensemble des recherches et des théories en psychosomatique. Bien que facilement acceptée de prime abord, elle soulève toutefois beaucoup de doutes dans la vie courante, quand elle n'est pas tout simplement ignorée. La pensée populaire véhicule, par exemple, un préjugé tenace, à savoir qu'une maladie dite psychosomatique serait une maladie « imaginaire », c'est-à-dire dans laquelle le corps ne serait pas vraiment atteint. Rien n'est plus faux. Une telle croyance repose sur une compréhension erronée de ce que l'on entend par psychosomatique.

Dans le domaine scientifique deux principaux champs de recherche existent actuellement. Bien qu'ils abordent la question avec des regards différents, les deux s'entendent pour affirmer l'interdépendance du corps et de l'esprit. Il est pourtant rare que l'approche thérapeutique de la maladie tienne vraiment compte de cette réalité. Une question de fond se pose alors : doit-on soigner une maladie ou un malade ?

MALADIE PSYCHOSOMATIQUE, MALADIE IMAGINAIRE ?

Dans l'esprit de bien des gens, l'expression « maladie psychosomatique » se réfère à un malaise qui n'existe qu'en imagination. Quand une personne dit : « C'est psychologique », elle veut généralement dire à son interlocuteur qu'il n'est pas réellement malade. Elle pense que celui-ci « s'est donné », ou pire, « s'est inventé » une maladie et elle lui suggère de voir un psychologue pour régler son problème. Devant cette réaction, l'individu souffrant se sent incompris, car il a le sentiment que sa souffrance, pourtant bien réelle, n'est pas prise au sérieux.

Lorsqu'un médecin déclare que tel ou tel malaise est dû au stress, ou qu'il taxe les symptômes de son patient de psychosomatiques, il n'infère en rien que le malaise ou les symptômes physiques ne sont pas réels. Ils existent bel et bien et peuvent même souvent être soulagés par un traitement pharmacologique. Ce que le médecin veut dire, c'est qu'à l'examen médical il ne parvient pas à déceler une cause organique identifiable : lésion à l'intestin, par exemple, ou encore virus ou bactérie. Il note bien un dysfonctionnement sur le plan physiologique, c'est-à-dire un réel déséquilibre du corps, un trouble fonctionnel, mais sans parvenir à en détecter la cause. Le mal n'est donc pas imaginaire. En utilisant le qualificatif de psychosomatique, le médecin veut simplement souligner que des facteurs psychologiques sont probablement en cause, et peut-être même dominants, dans le développement du ou des symptômes. Quels sont ces facteurs et selon quelles modalités agissent-ils ? Cela n'est plus de son ressort.

Au chapitre précédent, j'ai mentionné que dans l'état actuel des connaissances le diagnostic de maladie psychosomatique avait tendance à être délaissé. Les sept maladies préalablement citées, dont les diagnostics sont clairement établis, sont toutefois reconnues aujourd'hui pour être particulièrement influencées par des facteurs psychologiques. L'incidence de ceux-ci présente cependant de grandes variations individuelles. L'existence de telles maladies pose la question suivante : le psychisme n'interviendrait-il que dans certains troubles fonctionnels et dans quelques maladies bien spécifiques alors qu'il ne jouerait aucun rôle dans les autres ? Que pensent les spécialistes des liens entre corps et esprit ? Voyons le point de vue des deux grandes écoles de pensée s'intéressant à la question.

DEUX CHAMPS DE RECHERCHE

Les neurosciences constituent le premier de ces champs. Elles étudient le fonctionnement physiologique du cerveau et les liens fonctionnels existant entre le système nerveux central et divers autres systèmes corporels tels que les systèmes endocrinien et immunitaire. Les neurosciences s'associent aux recherches en neuropsychologie et en psychologie cognitive, une branche de la psychologie qui étudie principalement les mécanismes entrant en jeu dans les processus d'apprentissage, le développement et le fonctionnement de la mémoire, l'acquisition d'attitudes et de comportements adaptés aux interactions avec l'environnement.

L'autre champ d'étude est celui de la recherche en psychosomatique inspirée par la théorie psychanalytique, que je désignerai ici plus brièvement par le terme de *psychosomatique.* La psychosomatique s'attarde principalement à cerner et à définir les mécanismes de la pensée et du psychisme, et tente de voir comment ceux-ci s'articulent au fonctionnement corporel.

Les neurosciences

Un certain nombre de recherches relevant des neurosciences visent à comprendre comment le cerveau pense. Toutes les étapes de la pensée sont étudiées : la perception des stimuli, l'émotion, l'analyse de l'action à entreprendre, la préparation de cette action et la décision de l'exécuter. Le fonctionnement physiologique du cerveau, le rôle et l'activité des neurones et des diverses substances qui entrent en jeu sont analysés à chacune des étapes.

Les tenants des neurosciences sont d'avis qu'esprit et cerveau ne font qu'un[2]. Ils ne croient pas à l'existence autonome d'un esprit

2. Pour plus d'informations concernant ces recherches et le point de vue des neurosciences, voir le collectif intitulé *Le Cerveau et la Pensée,* coordonné par Jean-François Dortier (1999).

immatériel. L'esprit se confondant avec le cerveau, son effet sur le fonctionnement du corps va de soi puisque c'est le cerveau, siège de la pensée et de la perception des émotions, qui orchestre toutes les réactions physiologiques. Du fait du rôle constant et omniprésent du cerveau, il est impensable, selon eux, que l'esprit puisse n'avoir qu'une influence occasionnelle sur le corps. Dans une telle perspective, le mot même de « psychosomatique » n'a pas de sens puisque le psychisme en tant que tel n'existe pas pour ces chercheurs. Tout vient du corps, donc, à la limite, tout n'est que somatique, le cerveau étant l'esprit, et l'esprit le cerveau. Et si la pensée exerce une influence certaine sur le fonctionnement du corps, c'est non pas parce qu'elle constitue une entité autonome, mais parce qu'il n'y a pas de pensée sans corps. Pour les tenants de cette conception, la pensée se confond avec le fonctionnement physiologique du cerveau, elle se résume à la transmission de l'influx nerveux, à la sécrétion de neurotransmetteurs, et à d'autres phénomènes de ce type. Dans leurs tentatives pour apporter une preuve scientifique à cette hypothèse, ils se butent cependant à une difficulté majeure qu'ils reconnaissent eux-mêmes et qu'ils tentent de dépasser : la subjectivité de l'être humain, c'est-à-dire sa qualité de sujet, ce qui fait de chacun de nous une personne unique dans sa façon d'être au monde. Par exemple, ce qui me fait souffrir moralement m'est très personnel et se soumet fort mal à l'expérimentation, on ne peut donc pas l'expliquer matériellement, mais ce phénomène existe néanmoins de façon indéniable. Les recherches actuelles dans le champ des neurosciences tentent de trouver un moyen d'étudier scientifiquement la subjectivité et de tenir compte des facteurs inconscients qu'elles expliquent par certains aspects du fonctionnement physiologique du cerveau. Les chercheurs espèrent ainsi apporter une preuve à leur hypothèse que l'esprit et le cerveau se superposent parfaitement et sont assimilables l'un à l'autre. Mais cela n'est pas chose simple, car la subjectivité ne se laisse pas facilement enfermer dans une expérience scientifique.

La psychosomatique

La psychosomatique, pour sa part, fait de la subjectivité humaine son principal objet d'étude et de recherche. Elle considère que celle-ci dépasse le fonctionnement matériel du cerveau et, par conséquent, que l'expérimentation scientifique n'est pas l'outil approprié pour l'étudier. Ses tenants ont plutôt recours à l'observation pointue et raffinée que permet l'étude de cas. À partir de là, ils tentent d'élaborer des théories explicatives du fonctionnement de la subjectivité et d'en tirer des grandes lois générales. La psychosomatique tient compte des *théories biologiques* concernant le fonctionnement du cerveau et du corps en général. Mais en parallèle, elle s'inspire des *théories psychanalytiques* afin de comprendre les rapports entre le corps et le psychisme, principalement de celles qui tentent d'expliquer le fonctionnement du psychisme et de la pensée, et de celles qui conçoivent que les phénomènes mentaux résultent de transferts et de déplacements d'énergie.

Pour les tenants de cette école, l'existence autonome du psychisme ne fait aucun doute. Selon eux, psychisme et corps sont deux entités qui fonctionnent en constante interaction, notre énergie vitale se répartissant entre elles selon des modalités propres à chacun de nous et qui dépendent de notre fonctionnement psychosomatique. À tout moment, inconsciemment, nous cherchons à maintenir un équilibre entre notre énergie physique et notre énergie psychique. Lorsque nous y parvenons, c'est la santé. Par contre, lorsque survient un déséquilibre énergétique, divers troubles peuvent se manifester : c'est alors la maladie. Celle-ci peut être psychique (dépression, psychose ou autre) ou corporelle (rhume, pneumonie ou cancer, par exemple). Mais qu'elle soit mentale ou physique, toute maladie comporte des aspects psychiques et des aspects corporels.

D'après les psychosomaticiens, la maladie n'apparaît pas n'importe comment. De nombreuses observations cliniques montrent que les maladies, leur déclenchement, leur évolution et leur guérison obéissent à un ordre spécifique qui ne peut être séparé des caractéristiques personnelles de la vie mentale de l'individu malade. Ces caractéristiques englobent son hérédité, sa constitution physique, sa personnalité, son mode de pensée, ses mécanismes d'adaptation et de défense contre l'angoisse, son mode de relation à autrui ainsi que l'énergie dont il dispose. Elles peuvent varier chez un même individu selon les divers moments de sa vie.

Illustrons cela par un exemple simple. Imaginons trois individus travaillant au même endroit. Survient une épidémie de rhume qui affecte la majorité des employés. L'un d'entre eux, bien qu'il soit comme tout le monde exposé au virus, ne développe pas la maladie. Le deuxième l'attrape, mais guérit en cinq ou six jours. Le troisième, qui, à cause de ses fonctions, est souvent appelé à l'extérieur de l'entreprise, donc moins exposé au virus, contracte cependant aussi le rhume, mais celui-ci dégénère en bronchite puis en pneumonie et met plusieurs semaines à guérir malgré des soins appropriés. Comment expliquer de telles différences autrement que par des caractéristiques propres à chacun ? Vous me répondriez peut-être que le troisième individu présentait une plus grande fragilité pulmonaire, ou que son système immunitaire était moins efficace, et vous auriez sans doute raison. Mais les psychosomaticiens considèrent que cette explication, tout en étant vraie, est incomplète : de fait, une plus grande fragilité constitutionnelle ou un système immunitaire déficient n'est pas contradictoire avec le fait que d'autres caractéristiques individuelles interviennent. Voyons d'abord la fragilité immunitaire. Les connaissances scientifiques nous apprennent que le système immunitaire est en constante interaction avec le cerveau, auquel il est relié par toutes sortes de boucles de rétroaction qui permettent à l'information de circuler dans les deux sens. Le cerveau, quant à lui, comprend entre autres des centres spécialisés dans l'apprentissage et la mémoire ainsi que dans le traitement des émotions. Or, apprentissage, mémoire et émotions caractérisent chaque individu de façon toute personnelle. En raison des liens étroits entre les systèmes immunitaire et cérébral, une perturbation émotive, ou même une pensée, peut donc réduire l'efficacité de l'immunité. Bien sûr, pour attraper un rhume, il faut avoir été exposé à un virus. Mais ce dernier tombe dans un terrain qui peut être déjà fort occupé à se défendre contre d'autres agresseurs tels que la dépression, la fatigue ou l'anxiété, et se trouver par conséquent moins vigilant lorsque le virus se présente.

Qu'en est-il d'une plus grande faiblesse pulmonaire constitutionnelle et héréditaire ? Encore ici, les psychosomaticiens vous répondraient que celle-ci n'est pas non plus le fruit du hasard ou de la seule biologie, mais qu'elle s'inscrit dans l'histoire du développement psychosomatique qui englobe aussi l'hérédité et l'histoire familiale.

L'ÊTRE HUMAIN EST UN TOUT

Les deux grandes écoles de pensée s'accordent pour dire que l'être humain est un tout et fonctionne comme un tout. De ce fait, toutes les maladies, toutes les lésions organiques, quelles qu'elles soient, ont forcément un versant psychologique et un versant somatique. La différence entre les deux écoles réside dans la définition que chacune donne du psychisme. Pour les tenants des neurosciences, l'esprit se réduit au fonctionnement du cerveau, ce qui revient à dire, à la limite, que tout est somatique, le psychologique, notamment les émotions et les comportements appris, se résumant à certains aspects du fonctionnement physiologique du cerveau. Les psychosomaticiens, quant à eux, n'écartent pas complètement l'idée de l'existence d'un psychisme autonome puisque la biologie se révèle impuissante à expliquer plusieurs des manifestations observables de celui-ci. Ils sont cependant d'avis que le fonctionnement du psychisme est très imbriqué dans celui du corps, et particulièrement dans celui du cerveau, à partir duquel il se développe. Pour eux, tout au long de la vie, corps et psychisme sont en constante interaction et dans un rapport d'équilibre. Ce ne sont donc pas les maladies qui sont ou non psychosomatiques, mais c'est *l'être humain qui est psychosomatique dans son essence*, au sens où tous les aspects de sa personne contribuent au maintien de la santé aussi bien qu'à l'apparition, à l'évolution et à la guérison de la maladie. Par conséquent, la distinction entre des maladies psychosomatiques et d'autres qui ne le seraient pas est inappropriée. Toutes les maladies corporelles sont physiques, par définition, mais lorsqu'elles affectent un être humain, des facteurs psychiques agissent autant que des causes biologiques.

SOIGNER UN MALADE OU UNE MALADIE ?

Penser l'être humain comme un tout soulève une question de fond : lorsque celui-ci est atteint dans son corps, peut-on se contenter de soigner la maladie dans ses seules dimensions objectives et matérielles ? Dès ses débuts, l'histoire de la médecine a été marquée par une oscillation entre une approche globale de l'être humain qui tient compte de l'influence de l'esprit (on a longtemps parlé de « l'âme ») sur le corps et une conception plus fragmentée centrée sur la seule compréhension de la maladie. Avec l'avancement prodigieux des recherches dans le domaine des sciences de la santé, nous avons aujourd'hui une meilleure compréhension de la physiologie humaine et des mécanismes corporels qui sont en jeu dans les maladies. L'étendue des connaissances spécifiques est devenue tellement vaste qu'il est impossible à un médecin de toute la maîtriser, et ce, dans l'ensemble des secteurs. Cela est encore plus vrai en ce qui concerne les spécialités médicales que sont la neurologie, la cardiologie, la pneumologie, la néphrologie, et les autres. Les spécialistes sont, par la force des choses, obligés de se cantonner dans leur discipline pour se tenir au courant des nouvelles découvertes et ne pas être dépassés. Chacun possède des connaissances très étendues et raffinées dans son champ propre, mais ne peut pas être au fait des progrès dans les autres domaines. C'est en partie pour cette raison que la pratique médicale se fragmente et se spécialise de plus en plus. Le cloisonnement des spécialités a pour conséquence une plus grande attention accordée à la maladie, tandis que l'individu malade est souvent laissé à lui-même. Le patient peut alors avoir le sentiment d'être réduit à un cœur, un rein, un poumon ou un estomac. Comme le dit Cyrulnik (1995, p. 120), « plus la relation médecin-maladie s'améliore, plus la relation médecin-malade s'altère ». Pourtant, celui qui souffre dans telle ou telle partie de son corps est atteint dans toute sa personne, et, bien qu'il ait parfois tendance à ignorer sa souffrance morale, c'est avec tout son être qu'il aborde le spécialiste. En confiant son corps malade à un expert, il s'attend inconsciemment non seulement à recevoir des soins appropriés pour la maladie dont il est atteint, mais aussi à être reçu et entendu dans son entité d'être souffrant. Or, son attente risque d'être déçue, car le médecin n'est formé que pour s'occuper de sa maladie et non pour prendre en charge la totalité de son être.

Nous nous plaignons parfois de ce que la médecine est déshumanisée. Mais lorsque nous pensons à tout ce qu'un médecin spécialiste doit maîtriser comme savoir dans son domaine propre, nous ne pouvons humainement lui demander d'être en plus un expert en santé de l'âme. Tous les médecins ne refusent pas d'envisager l'influence des facteurs psychiques sur la santé physique, bien au contraire. Les recherches médicales tiennent de plus en plus compte de ces facteurs et une plus grande place leur est accordée tant dans les congrès médicaux qu'à l'occasion de traitements hospitaliers. Certes, une partie des médecins a du mal à reconnaître cette influence, mais probablement pas dans une proportion plus élevée que les individus dans la population générale. La résistance à admettre cette idée est une réaction bien humaine qui tient aux facteurs dont j'ai parlé précédemment. Elle est par conséquent susceptible de se manifester autant parmi les médecins que chez les autres individus.

Cependant, et en cela réside sans doute un constat essentiel, même si la plupart des médecins et des spécialistes sont conscients du problème, ils n'ont pas pour autant la compétence nécessaire pour intervenir à ce niveau. La responsabilité de s'occuper des aspects psychiques de la maladie appartient en effet au patient lui-même. C'est à lui de prendre une position de sujet actif dans le traitement de sa maladie. Affirmer cela n'est cependant pas aussi simple qu'il le paraît de prime abord. Certains patients le font spontanément et n'hésitent pas à se confier à un proche ou même à consulter s'ils en ressentent le besoin. Mais pour cela, il faut avoir l'intuition de la possibilité d'un lien entre son état psychique et le développement de sa maladie. Or, pour un certain nombre d'entre nous, ce lien n'est pas du tout évident. Les personnes qui ne sont pas conscientes du rôle joué par leur psychisme n'en souffrent pas moins pour autant. C'est la raison pour laquelle elles s'attendent à une prise en charge totale, non seulement de leur maladie, mais également de leur souffrance morale ; et cette attente est d'autant plus agissante qu'elle comporte des aspects inconscients. C'est ce qui explique que la frustration de ces personnes devant l'absence de réponse à leur attente puisse aller jusqu'à entraver le processus de guérison.

Des médecins n'hésitent pas à recommander à leur patient une consultation psychologique lorsqu'ils la jugent pertinente. Certains hôpitaux ont aussi compris l'importance qu'il y a à aborder le malade comme une personne complète et ont mis en place des services psychosociaux. Une équipe multidisciplinaire comprenant des infirmières spécialisées, un intervenant social, un psychologue, et d'autres spécialistes, offre au patient des consultations en complément du traitement médical. La personne se trouve ainsi accueillie dans son entier, avec ses questions et ses angoisses, par le milieu thérapeutique qui tente de lui apporter le soutien dont elle a besoin. Certaines activités lui sont aussi parfois offertes. Les risques de voir se développer des résistances aux traitements proposés sont ainsi minimisés et les chances de guérison maximisées d'autant. Malheureusement, encore trop peu d'hôpitaux ont compris l'importance de consacrer du temps, de l'énergie et de l'argent à former le personnel soignant afin qu'il puisse tenir compte des aspects psychologiques de la maladie. Dans notre société, nous réfléchissons beaucoup aux réformes qu'il conviendrait d'apporter pour améliorer la qualité de nos soins de santé, mais ne devrions-nous pas réaliser l'importance qu'il y a à investir dans la mise en place d'équipes multidisciplinaires, ce qui ne pourrait qu'augmenter la qualité et la rentabilité des services hospitaliers ?

3
L'esprit et le cerveau

La parole modifie la biologie même de l'être humain.

BORIS CYRULNIK,
La Naissance du sens

Les neurosciences aussi bien que la psychosomatique inspirée de la psychanalyse se basent sur les théories biologiques du fonctionnement cérébral. Pour les deux écoles, il n'y a pas de pensée sans cerveau. Il est donc normal d'aborder la question des rapports entre corps et esprit en consacrant quelques pages au fonctionnement de ce prodigieux organe, siège de la pensée. Comment notre cerveau pense-t-il ? Par quels phénomènes physiologiques exerce-t-il son influence sur le reste du corps, permettant à la pensée de jouer un rôle dans la santé comme dans la maladie ? Voilà autant de questions passionnantes que je vous propose d'aborder à présent. Mais en premier lieu, il convient de s'arrêter sur la définition que chacune des deux écoles de pensée donne du mot « esprit ».

UN ESPRIT BIOLOGIQUE OU IMMATÉRIEL

Au XVIIe siècle, soit au temps de Descartes, on croyait à l'existence d'un esprit distinct et séparé du corps et d'une nature différente de ce dernier. C'était l'âme immatérielle que l'on opposait au corps matériel. La pensée, et même la vie, n'était pas concevable sans l'action de cette âme. On pensait que celle-ci était insufflée dans le corps matériel qu'elle animait, et que, lorsqu'elle s'en détachait, le corps mourait alors qu'elle-même continuait seule son existence. Cette conception de l'être humain, postulant l'existence de deux entités séparées et distinctes, est désignée par le terme de *dualisme*. Avec l'avancement des connaissances concernant le fonctionnement du cerveau, particulièrement celles qui mettent en lumière les mécanismes de la mémoire et de l'apprentissage, une autre philosophie de l'esprit, appelée *matérialisme*, a vu le jour au XXe siècle, durant les années 50 et 60. Selon le matérialisme, le rapport entre cerveau et esprit serait un rapport d'identité. Dit autrement, le cerveau est l'esprit et l'esprit le cerveau. Les neurosciences s'appuient sur cette doctrine philosophique. Pour le matérialisme, tout se réduit à la biologie, au corps matériel. L'âme, l'esprit, n'existe pas en tant qu'entité séparée et autonome. C'est ce que l'on appelle le *monisme*.

Comme je l'ai déjà mentionné, le matérialisme se bute au problème de la subjectivité humaine, c'est-à-dire au fait que chaque être humain est unique dans sa façon d'être au monde, de le ressentir, de le penser et d'y réagir. Certes, la pensée ne peut exister sans le corps, et le cerveau est sans contredit le siège de la pensée. Il suffit, pour s'en convaincre, d'observer les troubles de la pensée chez les individus atteints de maladies neurologiques, comme la démence ou la maladie d'Alzheimer, et chez ceux qui ont été victimes de traumatismes crâniens. Mais la subjectivité, telle qu'elle a été définie précédemment, peut-elle se réduire au fonctionnement des neurones, aux mécanismes en jeu dans la transmission de l'influx nerveux et aux substances chimiques impliquées par le processus de pensée ?

Jusqu'à présent, il s'est avéré impossible d'expliquer, à partir des seules connaissances biologiques, comment l'être humain devient un être de symboles et de langage et de rendre compte de toutes les subtilités de sa subjectivité. Cyrulnik (1995) fait remarquer, avec justesse, que les humains, grâce à leur mode de pensée conceptuel, c'est-à-dire qui utilise le langage pour nommer quelque chose en son absence et en parler de manière abstraite, peuvent affranchir leur capacité de réflexion des prisons du temps, de l'espace et même du réel concret et observable, ce qu'un animal ne peut pas faire. Autrement dit, seul l'humain peut anticiper, planifier et créer sans s'appuyer sur du visible concret. La biologie n'a pas encore pu, jusqu'à nos jours, expliquer cette particularité humaine.

C'est en raison de cette impossibilité de réduire l'esprit à la biologie que les psychosomaticiens optent pour une position se trouvant à mi-chemin de la doctrine cartésienne et de la pensée matérialiste. Contrairement à cette dernière, ils reconnaissent une existence autonome à l'esprit, auquel ils donnent le nom de *psychisme*, mais contrairement à l'ancienne conception qui considérait l'âme comme totalement immatérielle, existant par et pour elle-même indépendamment du corps dans lequel elle ne faisait que loger le temps de la vie, la psychosomatique estime que le psychisme est lié au corps. Pour expliquer ce que les psychosomaticiens entendent par là, il faut avancer un peu plus dans la compréhension du fonctionnement du cerveau.

LE CERVEAU, ORGANE DE LA PENSÉE

Il n'y a pas de pensée sans corps. Celle-ci s'articule au fonctionnement du cerveau, qui est en même temps et le siège du langage, de la mémoire, de l'apprentissage ainsi que de la perception des émotions, et le chef d'orchestre de toutes les réactions physiologiques. C'est pourquoi, avant d'aborder les modalités de communication qui relient la pensée et le corps, je voudrais m'attarder un peu sur le fonctionnement de cet outil hautement spécialisé. Il ne s'agit pas ici de tout expliquer de sa physiologie. Le cerveau humain est d'une très grande complexité, tant par sa structure que par son fonctionnement et, pour notre propos, il n'est pas nécessaire de nous étendre sur toute cette complexité. Il importe cependant d'en connaître certains aspects, surtout ceux qui expliquent comment fonctionne la pensée dans ses rapports avec l'émotion et le corps, et ceux qui sont à la base de la mémoire et de l'apprentissage. Je vous invite donc à me suivre dans ce voyage au sein de la fabuleuse machine à penser qu'est notre cerveau, qu'a particulièrement bien décrit Paul D. MacLean (1990) dans *Les Trois Cerveaux de l'homme*. Chemin faisant, nous découvrirons comment certains aspects de la physiologie de celui-ci participent à la pensée. Cela nous permettra de mieux comprendre les liens étroits qui unissent le corps, les émotions et le psychisme, et de mieux saisir comment la pensée peut jouer un rôle dans la santé et dans la maladie physique. Le fonctionnement de la mémoire, quant à lui, fera l'objet du prochain chapitre.

Le cerveau, un héritage des espèces animales

Le cerveau humain, dans sa structure et dans son fonctionnement, présente trois niveaux superposés et organisés entre eux de façon hiérarchique. Cette structuration reprend celle de l'évolution des espèces à travers des millions d'années. Au fur et à mesure de l'évolution, le cerveau des animaux s'est en effet développé en se perfectionnant et en se complexifiant. Chaque fois que ce développement franchissait une étape importante, le nouveau cerveau intégrait et conservait les caractéristiques des cerveaux des niveaux précédents. Le cerveau des mammifères a ainsi intégré dans sa structure celui des reptiles, et le cerveau humain, celui des mammifères et celui des reptiles. Cela signifie que notre cerveau, bien qu'il soit de loin le plus complexe et le plus perfectionné de tous, a des modes de fonctionnement en commun avec celui des reptiles et avec celui des mammifères. C'est du fait de cet héritage que nos réactions viscérales, nos émotions et notre pensée entretiennent des rapports très étroits les unes avec les autres. Parce que ces trois niveaux sont hiérarchisés et bien orchestrés, la pensée, aussi bien que l'émotion, peut avoir un effet sur les viscères, et vice-versa. En nous référant au schéma qui suit, voyons comment fonctionnent ces trois niveaux, et comment ils s'intègrent les uns aux autres.

L'ORGANISATION HIÉRARCHIQUE DES TROIS NIVEAUX DU CERVEAU HUMAIN À L'ISSUE DE L'ÉVOLUTION DES ESPÈCES ANIMALE ET HUMAINE[3]

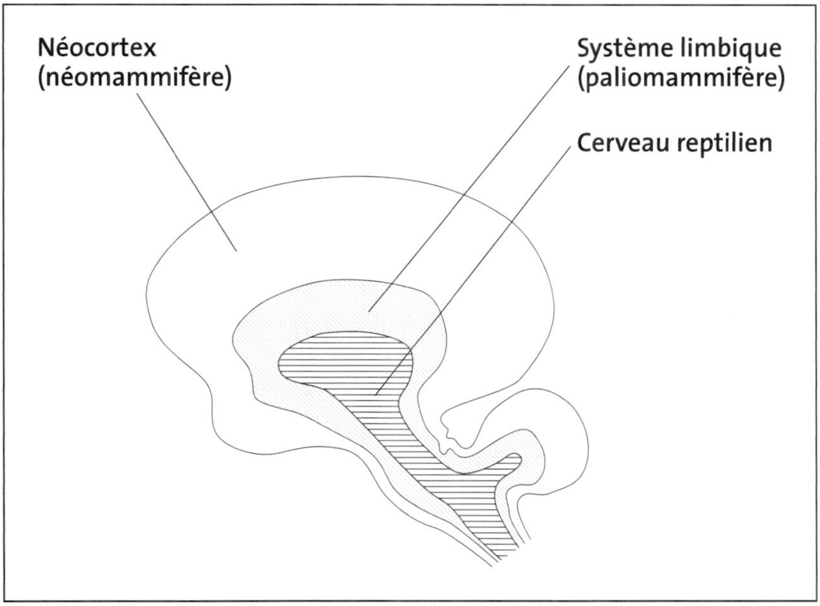

Le cerveau reptilien : le diencéphale, et son action réflexe

Un premier niveau d'organisation cérébrale, hérité des reptiles, le diencéphale, est chargé de réguler le métabolisme viscéral. À tout moment, grâce aux circuits neuronaux qui le relient aux viscères, il est tenu informé de l'état des variations biologiques auxquelles il réagit. Lorsque le corps connaît, par exemple, une baisse d'adrénaline, il répond en déclenchant l'activité des circuits impliqués dans la fabrication de cette substance. Le diencéphale fonctionne de façon *automatique*, dans l'*immédiat* et au *coup par coup*. Il est incapable de tenir compte du temps et de l'apprentissage. S'il fonctionnait seul, sans l'aide des deux autres niveaux, il pourrait prendre

3. D'après Paul D. MacLean. 1967. « The Brain in Relation to Empathy and Medical Education », *Journal of Nervous and Mental Disease*, p. 374-382.

des décisions bêtes : par exemple, déclencher la production d'adrénaline simplement parce qu'il a détecté une baisse de la substance dans l'organisme, que ce dernier en ait besoin ou non. Autrement dit, il agirait un peu à la façon d'un robot, sans réfléchir. Supposons qu'un individu se repose calmement dans un hamac sous les arbres par une belle journée d'été ensoleillée. Il dort, et pour cela, il a besoin que son organisme soit au repos. Il est fort probable que son taux d'adrénaline soit peu élevé à ce moment-là. Si le diencéphale agissait seul, il en ordonnerait la fabrication, et notre individu ne pourrait plus dormir, car son organisme serait alors davantage prédisposé à l'action qu'au repos.

Le cerveau mammifère : le système limbique, et la mémoire des émotions

Heureusement, le diencéphale n'agit pas seul dans sa prise de décision. Il dispose d'une aide plus sophistiquée, celle que lui offre le *système limbique* qui se développe autour du complexe reptilien, auquel il s'intègre par différents circuits neuronaux. C'est le deuxième niveau de fonctionnement cérébral. Le système limbique, contrairement au diencéphale, est capable de tenir compte des *apprentissages*. Il peut comparer les états actuels de l'organisme à ceux qu'il a connus par le passé. Il introduit ainsi un élément important dans la régulation des réactions viscérales, hormonales et comportementales, soit la *mémoire,* qui est à la base de l'apprentissage. Intégré au diencéphale, il module donc les réactions métaboliques de ce système d'une *façon personnalisée*. Pour cette raison, il est à même de « prendre des décisions » plus appropriées que le diencéphale. Dans notre exemple, il pourra évaluer qu'il est inutile d'ordonner la sécrétion d'adrénaline pour le moment, même si le diencéphale a détecté un manque de cette substance, car rien ne menace le dormeur ; ce dernier n'a donc pas besoin de se préparer à l'action.

Les deux principales structures du système limbique, l'hippocampe et l'amygdale, sont non seulement impliquées dans le fonctionnement de la mémoire, mais elles jouent également un rôle dans le traitement des informations qui parviennent au cerveau sous forme d'*émotions*. Si ces deux fonctions sont remplies par les mêmes structures, c'est que les émotions sont un outil précieux pour la mémoire. C'est en se basant sur la similitude des émotions déclenchées par différents événements que le système limbique peut comparer les situations entre elles. Grâce aux liens entre mémoire et émotions, ces dernières agissent comme des signaux pour guider notre comportement en vue d'une meilleure adaptation à l'environnement, donc en vue de la survie. Il est important que notre individu au repos puisse ressentir de la peur si une situation de danger se présente, l'arrivée d'un ours, par exemple. L'émotion détectée par le système limbique va lui indiquer que son organisme doit se préparer à réagir par la fuite, et que par conséquent il doit disposer de suffisamment d'adrénaline. De même, l'agressivité déclenchée par la perception d'une menace préparera le corps à réagir au danger par l'attaque.

Comme le système limbique est impliqué à la fois dans la mémoire et dans la perception des émotions, et que, par ailleurs, il s'intègre au diencéphale, qui régule le métabolisme, une réaction viscérale peut être ordonnée par la seule mémoire sans qu'il y ait présence effective d'un danger. Notre dormeur pourrait ainsi être réveillé en sursaut par un bruit anodin, un écureuil faisant tomber un gland ou un oiseau froissant des feuilles, ou encore par un rêve angoissant. Il se peut même qu'il se réveille en ressentant de la peur. Celle-ci sera immédiatement détectée par le système limbique, qui ordonnera la sécrétion d'adrénaline parce qu'il aura tout de suite comparé cette situation à d'autres ayant antérieurement déclenché de la peur. Ce dernier exemple montre que, bien qu'il soit plus évolué que le diencéphale, le système limbique peut lui aussi prendre de mauvaises décisions. Cela s'explique par le fait que ce deuxième niveau d'intégration, que nous partageons avec les mammifères, ne tient compte que de l'histoire biologique de l'organisme. Il n'est pas encore impliqué dans une quelconque forme de pensée. Grâce à ses capacités de décoder les émotions et de mémoriser les événements, il peut réagir de façon plus adaptée que le diencéphale, car il peut détecter rapidement des situations dangereuses. Mais il peut aussi se tromper, car il effectue ses comparaisons avec des expériences passées sur la base de l'émotion du moment et à partir de *détails isolés* sans tenir compte de l'ensemble de la situation présente. Dès qu'il détecte une émotion connue, il se met à analyser la situation qui la déclenche, et sitôt qu'il repère en celle-ci des éléments s'apparentant à du déjà-vu, il la classe avec celles qui ont déclenché la même émotion auparavant en ignorant les données nouvelles propres à la situation actuelle. Ces jugements rapides et émotifs peuvent l'amener à croire qu'une situation est dangereuse alors qu'elle ne l'est pas vraiment, ou l'inverse. Dans notre exemple, si un troisième niveau de fonctionnement n'intervenait pas, notre dormeur confronté à l'ours et stimulé par la montée d'adrénaline pourrait impulsivement déguerpir sans penser aux dangers qu'il y a à surprendre un ours par une fuite bruyante et précipitée. Et comme en général l'ours court plus vite que l'humain…

Le cerveau humain : le néocortex, et les fonctions supérieures

Notre dormeur apeuré a tout intérêt à ne pas suivre trop rapidement les conseils de son système limbique qui l'incite à s'enfuir de manière impulsive. Dans sa situation, il gagnerait, malgré sa peur, à utiliser sa pensée consciente pour analyser la situation dans son ensemble afin de prendre la décision la plus appropriée. Pour parvenir à ce niveau de pensée, l'intégration d'un troisième niveau aux deux précédents, le *néocortex*, est nécessaire.

Seul le néocortex est doué de fonctions supérieures telles que le langage, la pensée consciente, le raisonnement et la créativité. L'intégration de ce niveau permet à l'individu d'avoir une attitude réflexive, introspective et créatrice vis-à-vis de ses comportements et de ses réactions émotionnelles. Les mammifères supérieurs possèdent eux aussi un cortex, mais celui-ci n'est pas aussi élaboré que le nôtre. Le cortex de l'être humain se distingue par le développement prodigieux du lobe frontal, siège des fonctions supérieures. Grâce à l'intégration du cortex aux deux niveaux précédents, la pensée va pouvoir tenir compte à la fois du vécu émotif, perçu par le système limbique, des réactions viscérales, décodées par le diencéphale, et des nouveaux éléments qu'elle détecte elle-même. Disposant de toutes ces informations, le néocortex va pouvoir les analyser et les interpréter par le concours de la pensée et du langage qui œuvrent conjointement. C'est ce que l'on appelle l'*intégration symbolique*. Grâce à ce troisième niveau d'intégration, une pensée peut avoir un effet sur une émotion et vice-versa. Elle peut aussi, conjointement avec une émotion, influencer le fonctionnement viscéral et vice-versa. Si notre homme, malgré sa peur, est capable de retenir son impulsivité et de prendre quelques secondes de réflexion, il peut se souvenir d'une conférence à laquelle il a déjà assisté où l'on expliquait qu'en présence d'un ours il ne faut rien précipiter. S'enfuir en courant incite l'ours à se mettre en chasse. Il faut d'abord lui manifester notre présence en faisant un peu de bruit pour attirer son attention, mais pas trop pour ne pas le surprendre. Dès qu'il nous a repéré, il faut le garder à l'œil sans le dévisager, reculer doucement en évitant les mouvements brusques et lui laisser le passage. En tenant compte de sa peur qui l'avertit d'un danger réel, mais aussi de sa capacité de penser qui lui permet d'analyser l'ensemble de la situation, l'individu pourra adopter l'attitude la plus appropriée.

Mais, me direz-vous, il est facile de prodiguer de tels conseils quand on est tranquillement assis devant son ordinateur en train d'imaginer la situation, ou confortablement installé dans un fauteuil à lire ce livre. Il n'est pas certain que, placés dans la situation évoquée, nous soyons capables de ne pas nous laisser submerger par la peur qui cloue sur place ou entraîne à agir impulsivement. Vous avez raison. Bien souvent, l'être humain se laisse envahir par ses émotions, surtout lorsque celles-ci sont intenses, et il réagit impulsivement, sans recourir à ses capacités réflexives supérieures. Inversement, il peut s'efforcer d'ignorer totalement ce qu'il ressent et vouloir réagir froidement, à partir de la seule logique. Dans les deux cas, des informations précieuses sont ignorées, et le comportement qui s'ensuit est par conséquent moins adéquat que ce qu'il pourrait être. Un comportement impulsif est rarement approprié et une pensée coupée de ses racines émotives risque de ne pas tenir compte de certains aspects de la réalité, ceux-là mêmes qui échappent à la logique, mais qui n'en existent pas moins pour autant. Ces ratés de l'intégration sont fréquents et montrent bien la grande complexité du fonctionnement de cet outil hautement spécialisé que constitue notre cerveau. Selon MacLean (1990), plusieurs des pathologies, tant psychiques que physiques, résulteraient de cette intégration difficile.

La hiérarchisation progressive des trois niveaux du cerveau

Les trois niveaux existent et sont déjà fonctionnels chez le nourrisson dès la naissance. À cela près que chacun fonctionne encore de façon isolée, indépendamment des deux autres, même si chacun des trois possède les structures neuronales nécessaires pour s'intégrer aux autres. Cette intégration ne se fera qu'au cours du développement et exigera le concours à la fois de la maturation des tissus nerveux et de l'apprentissage.

Lorsque l'enfant vient au monde, son système nerveux, contrairement à d'autres systèmes, respiratoire ou digestif, par exemple, n'a pas atteint sa pleine maturité. La *maturation* se fera durant les mois qui suivront la naissance. Par maturation, on entend l'achèvement du développement biologique de la structure des cellules nerveuses. Ce sont surtout les prolongements qui assurent les connexions entre les neurones qui vont voir leur structure modifiée. L'ordre dans lequel se fait cette maturation est inscrit dans un programme génétique commun à tous les êtres humains. L'intégration des trois niveaux ne pourra se faire que lorsque la maturation aura permis aux cellules nerveuses de bien faire circuler les informations. La maturation constitue donc une condition nécessaire et préalable pour que l'intégration cérébrale se fasse. Mais elle n'est pas la seule.

L'*apprentissage* est l'autre condition essentielle à l'intégration des trois niveaux. Une fois les cellules parvenues à maturité, elles sont prêtes à effectuer leur travail de liaison. Mais, pour cela, elles ont besoin d'être stimulées et c'est dans la rencontre du nouveau-né avec son environnement, dans les stimulations sociales qu'il recevra, dans les interactions avec les adultes qui ont soin de lui, que cette intégration va se faire. Tandis que la maturation modifie la structure des cellules, l'apprentissage développe l'efficacité fonctionnelle du cerveau. Autrement dit, c'est lui qui en module la performance.

Chaque être humain possède le même potentiel de développement cérébral. Mais ce dernier ne devient effectif que grâce aux échanges que cet être a avec son environnement. La façon dont ce développement va se faire dépend grandement de la *qualité des soins* que recevra l'enfant. Cyrulnik (1995) l'exprime bien en disant que la parole, c'est-à-dire la rencontre du sens à l'occasion de l'échange avec l'être aimant, modifie la biologie de l'être humain. L'aspect social et relationnel est donc déterminant dans le développement de la capacité fonctionnelle du cerveau, de son potentiel de performances et de son efficacité à bien réagir et à s'adapter à l'environnement. Une bonne intégration des trois niveaux du cerveau est la condition d'un bon fonctionnement de la pensée, car elle seule peut permettre aux informations provenant du diencéphale, qui contrôle les viscères, du système limbique, qui décode les émotions, et du néocortex, qui peut donner sens à ces vécus internes, de circuler librement. Et c'est grâce à cette libre circulation des informations entre les trois niveaux que l'individu peut se penser lui-même, s'auto-observer et interpréter ce qu'il ressent.

Les variations de l'efficacité fonctionnelle du cerveau

L'efficacité fonctionnelle du cerveau d'un individu donné peut présenter des variations au cours de la vie de celui-ci. Une fois atteinte, l'intégration des trois niveaux vers un fonctionnement de plus en plus complexe demeure cependant assez stable. Il peut toutefois arriver qu'elle se désorganise temporairement dans certaines circonstances, comme lorsque la personne est soumise à des traumatismes majeurs ou encore lorsqu'elle subit une perte affective importante telle que le décès d'une personne chère, la perte d'un travail très investi ou un échec significatif.

En raison du rôle joué par l'apprentissage dans le développement fonctionnel du cerveau, la hiérarchisation des trois niveaux peut aussi varier d'une personne à l'autre. L'histoire relationnelle, la qualité plus ou moins bonne des liens affectifs tissés, la quantité de stimulations reçues modulent différemment la hiérarchisation et donnent une couleur personnalisée à l'efficacité fonctionnelle du cerveau de chacun.

Deux proches collaborateurs du cerveau

Le système hormonal

Grâce à un réseau très complexe de faisceaux neuronaux qui le relient à toutes les parties du corps, le cerveau reçoit une foule d'informations en provenance de l'ensemble de l'organisme. Une partie de ces informations provient des hormones qui le renseignent sur l'état de l'organisme.

Système nerveux et système hormonal sont très étroitement liés, comme l'a bien montré Robert Dantzer (1989) dans *L'Illusion psychosomatique,* dont je tire les présentes informations sur ces deux systèmes. Le cerveau commande l'hypophyse, principal centre de contrôle de la sécrétion de toutes les autres hormones du corps, et il est lui-même sous le contrôle permanent des hormones sécrétées par le corps. L'information circulant dans les deux sens permet au cerveau d'être constamment au fait de ce qui se passe dans l'organisme et d'y réagir promptement. Lorsque quelque chose ne fonctionne pas bien, le cerveau en est immédiatement informé par le système hormonal. On sait, par exemple, que la libération d'hormones est modifiée dans diverses pathologies, tant physiques que psychiques. De surcroît, en plus de renseigner le cerveau à tout moment, les hormones contribuent à sa croissance et à son bon fonctionnement. L'influence est réciproque et constante.

La plupart des grands comportements humains sont gérés par le système hormonal. Les besoins du corps (la faim, la soif), les instincts et désirs sexuels, la recherche de domination, le comportement d'attachement, le comportement maternel, le besoin de communication avec autrui, le besoin d'exploration, autrement dit tout ce qui pousse l'être humain à vivre et à agir se joue sur un fond de sécrétion hormonale. Celle-ci est ordonnée par le cerveau, qui orchestre le tout. Mais les hormones peuvent elles aussi subir l'influence de la pensée, de l'apprentissage, des émotions, des désirs et motivations, ainsi que de l'histoire de nos relations interpersonnelles qui a façonné notre cerveau. À l'inverse, les hormones exercent une influence sur l'ensemble de nos manifestations psychiques : émotions, pensées, motivations et mémoire. Devant cette imbrication très étroite entre le système nerveux, siège de la pensée et des émotions, et le système hormonal, comment peut-on penser l'existence de maladies ne présentant pas de versant psychique ?

Le système immunitaire

Les recherches portant sur le système immunitaire sont à l'heure actuelle en pleine expansion. Elles montrent de plus en plus clairement les rapports existant entre le système hormonal, le système immunitaire et le système nerveux. Le système immunitaire est chargé de défendre notre organisme contre les agresseurs extérieurs, soit les *antigènes* (virus, microbes, bactéries, parasites). Il fait intervenir plusieurs types de cellules ayant des tâches différentes. Certaines captent les microbes, les digèrent et les présentent en petits fragments à d'autres cellules qui sont chargées soit de détruire les cellules infectées, soit de produire des *anticorps* qui vont se fixer sur les antigènes et les détruire. Ces dernières cellules ont la capacité de mémoriser les caractéristiques des antigènes auxquels elles se sont attaquées, ce qui augmente leur rapidité d'intervention lors de contacts subséquents avec les mêmes ennemis. D'autres cellules du système immunitaire sont spécialisées dans la destruction des cellules tumorales qui peuvent éventuellement se développer. On les appelle les cellules tueuses naturelles, ou les NK (*Natural Killer*).

L'ensemble des activités de toutes ces cellules chargées de défendre l'organisme est extrêmement bien ordonné et, ici aussi, orchestré par le système nerveux, par l'intermédiaire du système hormonal. Les recherches ont révélé que l'activité du système immunitaire modifie celle des neurones, et vice-versa. Émotions et pensées ont donc le pouvoir d'affecter l'immunité, et un trouble de celle-ci peut, en retour, modifier l'humeur. Des études effectuées à l'institut de recherches sur le cancer, à Pittsburgh, aux États-Unis, ont révélé que des facteurs psychologiques comme l'acceptation passive de la maladie, l'apathie et l'absence de soutien social chez le sujet atteint diminuent l'efficacité des cellules tueuses, ce qui favorise le développement de cancers. D'autres études démontrent que les réactions du système immunitaire peuvent être apprises. Dantzer donne l'exemple d'une femme allergique à l'odeur des roses dont la réaction allergique peut se déclencher à la seule vue d'une rose en papier ou même de la photo d'une rose dans un livre. Ici l'allergène, c'est-à-dire la rose, a été associé, dans l'esprit de la dame en question, à toute image pouvant l'évoquer. Dans son cas, une partie des réactions allergiques résulte de l'apprentissage et est provoquée par une pensée et non pas par l'allergène lui-même. Ce phénomène peut expliquer pourquoi une crise d'allergie peut se déclencher en l'absence de l'agent allergène, par simple association d'idées.

Il arrive que le système immunitaire perde sa capacité de distinguer entre le soi (c'est-à-dire le bon à protéger) et le non-soi (l'ennemi à détruire). Dans ces cas, l'organisme peut s'attaquer à ses propres tissus et les détruire. C'est ce que l'on appelle une réaction *auto-immune*. Certaines maladies, comme l'arthrite rhumatoïde, le lupus érythémateux ou la sclérose en plaques, sont caractérisées par ce type de réaction. Des infections virales peuvent aussi conduire à des réactions auto-immunes et aggraver l'état du malade. Les patients souffrant de maladies auto-immunes présentent parfois des symptômes psychologiques (dépression ou autre). À l'inverse, des malades atteints de troubles mentaux (stress important ou dépression) voient leur immunité altérée. Il existe même une hypothèse faisant de la schizophrénie la manifestation d'une maladie auto-immune. Toutes ces anomalies du système immunitaire résultent de l'intervention, sur lui, du système nerveux.

L'ÊTRE HUMAIN, UN ÊTRE DE PAROLES ET DE RELATIONS

Au cours de ce chapitre, nous avons vu que le cerveau constitue une assise biologique solide permettant que des liens étroits se tissent entre la pensée et le corps. Pour qu'il fonctionne de façon optimale, l'intégration des trois niveaux est nécessaire. Nous avons également vu que cette intégration se réalise grâce à l'échange affectif de qualité entre l'enfant et l'adulte. La relation d'amour entre le nourrisson et ceux qui prennent soin de lui joue donc un rôle fondamental dans le développement de la capacité de penser. Cela montre à quel point l'être humain est avant tout un être de paroles, d'échanges et de relations. La biologie trouve ici ses limites. Bien qu'elle nous aide à comprendre comment le cerveau pense et par quels mécanismes physiologiques la pensée peut avoir un impact sur le fonctionnement corporel, elle ne peut pas tout expliquer des rapports entre le corps et le psychisme.

4
La mémoire et la pensée

[...] quand d'un passé ancien rien ne subsiste, après la mort des êtres, après la destruction des choses, seules, plus frêles mais plus vivaces [...], l'odeur et la saveur restent encore longtemps, comme des âmes...

MARCEL PROUST,
À la recherche du temps perdu

La mémoire est un prodigieux outil, indispensable à l'apprentissage et au développement de notre personnalité. Comment fonctionne-t-elle sur le plan biologique ? Comment le cerveau emmagasine-t-il les informations ? Par quels mécanismes peut-il les récupérer au besoin ? Quel rapport y a-t-il entre mémoire et inconscient ? Comment les souvenirs reviennent-ils à la conscience ? Comment et pourquoi oublions-nous ? En nous familiarisant avec cet outil complexe et fascinant, nous verrons comment la mémoire s'apparente à un trait d'union entre la pensée et le corps, et pourquoi son bon fonctionnement est essentiel à l'interaction entre ceux-ci.

QU'EST-CE QUE LA MÉMOIRE ?

La mémoire réside dans la conservation à peu près continue de nos expériences passées, de tout ce que nous avons vécu depuis notre naissance, voire depuis notre conception. Elle ne consiste pas en un processus statique ni en un simple réservoir de souvenirs. Il s'agit d'une fonction dynamique qui se trouve constamment en opération. Son intervention est essentielle à la vie et à la pensée. Sans mémoire, nous ne pourrions pas nous adapter au jour le jour aux situations nouvelles auxquelles nous devons faire face, et sans elle, nulle pensée ne serait plus possible. La mémoire est en perpétuelle mouvance. Sans cesse des souvenirs s'emmagasinent, sans cesse ils sont remaniés, modifiés, comparés, éliminés. Mais la mémorisation est une activité biologique en grande partie *inconsciente*, les souvenirs s'inscrivant dans les cellules de notre cerveau. Notre pensée consciente n'a donc accès qu'à une partie de ce que notre corps a enregistré, disons même à une infime partie. La mémoire pourrait se comparer à un iceberg dont la majeure partie serait immergée sous l'eau, donc invisible, tandis que nos souvenirs conscients correspondraient à la petite pointe visible.

Notre mémoire est avant tout affective et imaginative. *Affective* parce que nous nous souvenons principalement de ce qui nous touche et parce que le retour d'émotions passées nous plonge dans l'état d'âme où nous étions au moment où l'événement nous avait touchés. *Imaginative* parce que les souvenirs qu'elle conserve sont rarement intacts. Nous reconstituons et transformons continuellement notre passé en fonction de ce que nous vivons dans notre vie présente et de notre projection dans le futur. Comme la pensée, la mémoire utilise largement les capacités créatrices de notre cerveau pour effectuer son travail.

LE CERVEAU, ORGANE DE LA MÉMOIRE

Avant d'en venir au fonctionnement affectif et imaginatif de la mémoire, je vous propose d'aborder quelques questions d'ordre général, qui ont été traitées par Jean-Yves et Marc Tadié (1999) dont je m'inspire dans ce chapitre. Qui est l'artisan de la mémoire ? Où se situe-t-elle dans le cerveau ? Comment procède-t-elle pour emmagasiner les informations ?

La cellule responsable de la mémoire : le neurone

Le neurone est l'unité de base du fonctionnement de la mémoire. Cette cellule nerveuse constitutive du cerveau est aussi le support de la pensée et de l'imagination. Sans elle, pas de pensée, pas de souvenir, pas de créativité non plus. Le neurone est doté de grandes possibilités et d'une incroyable capacité d'adaptation. Il peut *recevoir* des informations et les *acheminer* à un autre neurone, il peut aussi les *intégrer* et les *conserver*, et il peut *transmettre* des ordres au reste du corps. Dans son travail de récepteur et d'effecteur, il sécrète diverses substances et se montre très sensible aux variations du milieu dans lequel il baigne.

Les réseaux de neurones

Les neurones sont reliés les uns aux autres par des réseaux complexes qui permettent de faire communiquer entre elles les différentes régions du système nerveux et de relier celui-ci au reste du corps. Les informations sont emmagasinées et réutilisées à tout moment grâce à ces réseaux. À la jonction entre deux neurones se trouve un espace appelé la synapse. Les extrémités neuronales sécrètent dans cet espace des substances chimiques appelées *neurotransmetteurs*. La communication des informations s'effectue par l'intermédiaire de ces substances.

Nos souvenirs, une fois conservés, ne sont pas figés pour toujours. Au cours de la vie, les neurones vont modifier leurs connexions en fonction de l'état intérieur (les émotions, l'attention, la motivation) et de l'environnement (les divers stimuli auxquels nous sommes soumis chaque jour). Le fonctionnement cérébral est ainsi façonné au jour le jour par l'environnement. La mémoire contribue donc pour une large part au *développement de notre personnalité*. En effet, chacun de nous vit, et donc enregistre, des événements différents, connaît, et donc mémorise, des expériences relationnelles affectives qui lui sont propres. Chacun de nous développe ainsi peu à peu sa propre façon de réagir au monde. La personnalité se construit dans la rencontre avec l'environnement à partir de ce que le cerveau inscrit de façon indélébile dans ses cellules.

Pour que de nouveaux réseaux se développent, les neurones doivent recevoir de l'information et être activés par elle. Un manque de stimulation peut entraîner la mort d'un neurone, alors qu'une trop grande stimulation peut paralyser son activité. Pour réaliser leur travail de mémorisation, les neurones doivent donc recevoir un certain niveau de stimuli, mais pas trop pour ne pas être surchargés et en devenir inefficaces. Cela est d'une grande importance. Un enfant sous-stimulé ou surstimulé apprendra en effet moins bien qu'un autre qui reçoit la quantité de stimuli optimale. Par conséquent, sa personnalité s'en trouvera appauvrie puisqu'il n'aura pas pu enregistrer des informations importantes pour sa survie et son adaptation au monde extérieur. C'est l'adulte, par la qualité des soins qu'il prodigue à l'enfant, qui peut évaluer la bonne quantité de stimuli à offrir à ce dernier pour assurer un heureux fonctionnement de sa mémoire et de son apprentissage.

Existe-t-il un centre de la mémoire dans le cerveau ?

On a longtemps cru que la mémoire se situait à un endroit précis du cerveau. On sait maintenant qu'il n'en est rien. La mémoire n'est pas localisée dans une seule partie. Toutes les cellules du cerveau y participent, mais certaines parties ont des fonctions plus spécifiquement liées au processus de mémorisation. En réalité, il s'agit d'un travail d'équipe dans lequel les neurones sont les principaux joueurs, et au sein duquel chaque aire du cerveau possède sa spécialité. Et le tout s'orchestre de façon remarquable. Une lésion dans un endroit du cerveau aura des impacts sur le fonctionnement de la mémoire, mais n'affectera pas le processus dans sa totalité. Voyons maintenant comment se fait le stockage des informations afin de mieux comprendre le rôle dévolu à chacun des joueurs.

De la sensation au souvenir

La reconnaissance des sensations

Dans la mémoire, les informations sont enregistrées à partir des sensations. Celles-ci, qu'elles soient visuelles, auditives, olfactives, tactiles ou gustatives, sont d'abord captées par les organes des sens. Elles sont dirigées, par l'intermédiaire des nerfs, vers certaines aires spécialisées du cerveau, les *aires sensorielles* correspondant aux divers types de sensations (aire visuelle ou auditive, par exemple).

À ce niveau, les sensations sont identifiées et reconnues : elles deviennent des *perceptions conscientes*. Une forme spécifique de mémoire se trouve donc associée à chaque type de sensation, soit une mémoire visuelle, une mémoire auditive, une mémoire olfactive, etc., chacune étant située dans une aire spécifique du cerveau.

Les sensations sont acheminées vers la centrale : l'hippocampe

De toutes ces zones partent ensuite des connexions qui se dirigent vers l'hippocampe (situé dans le système limbique), sorte de centrale de la mémoire qui décide si l'information doit ou non être conservée. L'hippocampe peut aussi recevoir des informations de nos viscères (par l'intermédiaire du diencéphale) ou encore de notre pensée consciente. Pour qu'une sensation, ou une autre information, soit mémorisée, il faut qu'elle soit répétée plusieurs fois ou encore qu'elle se présente la première fois avec une grande intensité. Cette intensité dépend de la *charge affective* que l'individu associe à la sensation : angoisse, peur, joie, amour, plaisir, etc. C'est à ce niveau qu'intervient une autre partie du cerveau située elle aussi dans le système limbique : l'amygdale.

L'amygdale s'en mêle : la charge affective

L'amygdale joue un rôle dans les réactions émotionnelles de l'individu et dans ses comportements. Cette sous-structure du système limbique a de nombreuses connexions avec l'hippocampe. Quand un stimulus provoque une forte réaction émotionnelle, l'amygdale envoie des influx à l'hippocampe qui s'ajoutent à ceux provenant des aires sensorielles. Cela contribue à augmenter l'intensité de l'entrée d'information et cette surenchère favorise la mémorisation.

Deux autres complices importants et des acteurs de soutien

De l'hippocampe partent des réseaux vers les différents lobes, en particulier le cortex préfrontal et le lobe temporal. Le cortex préfrontal joue un rôle dans la reconnaissance des sensations. Les neurones de cette zone sont en effet capables de *mémoriser à court terme* les sensations, le temps que l'hippocampe puisse les comparer à celles qui se trouvent déjà dans la mémoire à long terme et qu'il décide ou non de mémoriser les nouvelles données. Le lobe temporal, pour sa part, est connecté à l'ensemble des aires sensorielles. Grâce à ces connexions, il peut réaliser une *synthèse* des informations multiples et de nature différente qui proviennent d'une même situation. C'est grâce à son action qu'il nous est possible de retrouver un souvenir dans son intégralité, c'est-à-dire avec toutes ses dimensions : odeur, température, luminosité, qualité de l'air, bruits.

D'autres centres sont également impliqués dans la mémoire, tels ceux qui contrôlent l'*attention*, très importante pour la mémorisation. D'autres encore ont pour rôle de *trier* les informations avant qu'elles soient acheminées vers les aires spécialisées du cortex cérébral. Le cervelet a pour fonction de *coordonner* les mouvements volontaires impliqués dans la mémorisation d'un geste complexe comme prendre une carafe dans la main gauche, un verre dans la droite, verser de l'eau de la première au second et porter le verre à la bouche. Tous ces gestes ont été appris et mémorisés séparément, mais doivent être coordonnés pour que l'action soit efficace.

Pour schématiser cette opération complexe...

On voit que le processus de mise en mémoire est très complexe. Il nécessite un travail d'équipe de chaque instant qui mobilise plusieurs parties du cerveau et de nombreuses cellules. En nous aidant du schéma qui suit, résumons les étapes du processus de mémorisation :

1. Les influx provenant des organes des sens ou d'un viscère, ou encore de notre pensée, sont reçus au niveau des aires sensorielles du cerveau ;

2. Là, ils sont stockés pendant une courte période, au niveau de l'aire préfrontale ;

3. Celle-ci interroge le lobe temporal, qui organise la reconnaissance centrale des sensations ; l'attention mobilisée permet de faire un tri parmi toutes les informations reçues ;

4. Certaines sensations sont mémorisées en vue du long terme, d'autres codées pour utilisation immédiate puis oubliées, d'autres

simplement éliminées ; c'est l'hippocampe, centrale de la mémoire, qui prend cette décision ;

5. Lorsque la charge affective est intense, l'amygdale envoie de l'information supplémentaire pour augmenter la quantité d'influx et favoriser la mémorisation.

Le processus de mémorisation de diverses sensations par les différentes aires du cerveau

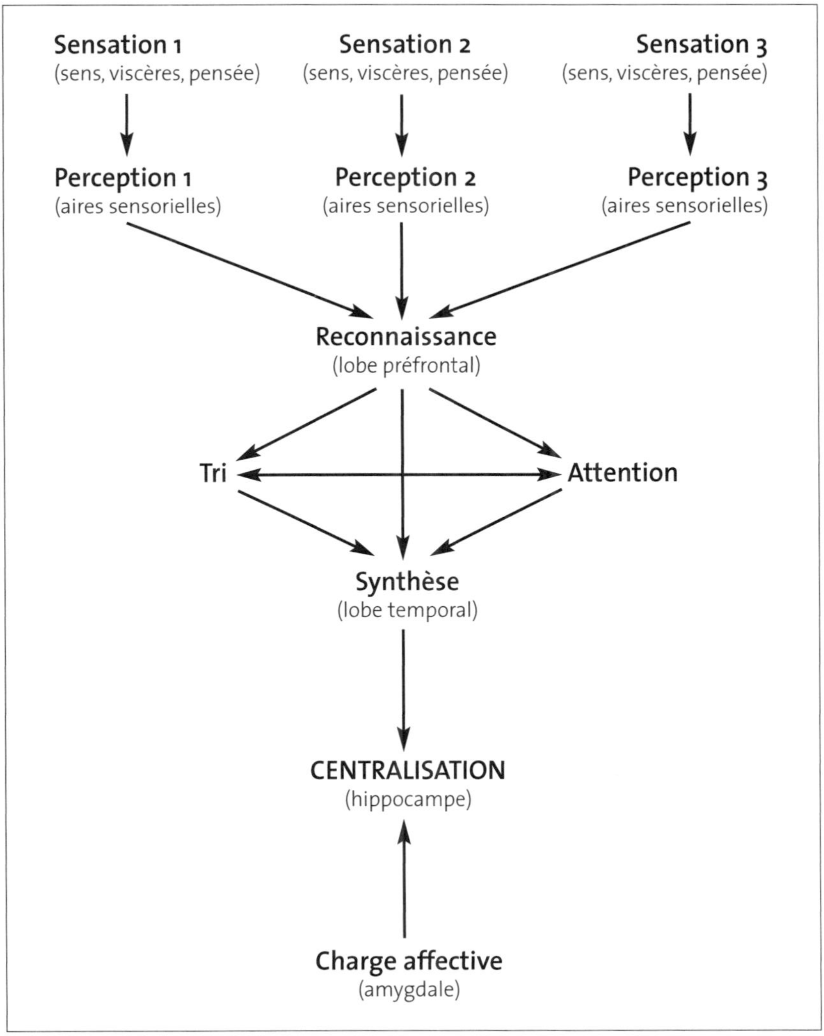

LA MÉMOIRE BIOLOGIQUE EST EN GRANDE PARTIE DE NATURE AFFECTIVE

Les trois types de mémoire

Tout au long de notre vie, nous mémorisons une foule d'informations. Il y a d'abord celles qui sont à la base de nos comportements devenus réflexes : marcher, nous habiller, manger, conduire une voiture, etc. Au début, nous devons porter attention à ce que nous faisons et mémoriser chaque geste qui entre en jeu. Mais au bout de plusieurs répétitions, nous avons enregistré ces gestes et pouvons désormais agir sans y penser. C'est ce que l'on appelle la *mémoire implicite.*

Un autre type de mémoire nous permet d'acquérir de l'expérience ou de la compétence dans un domaine particulier, dans l'exercice de notre travail, par exemple. Il s'agit ici d'un mélange de mémoire implicite (gestes acquis par répétition et qui finissent par devenir des habitudes) et de mémoire volontaire liée aux apprentissages que nous avons faits. Un ouvrier d'expérience peut trouver plus rapidement qu'un débutant la solution à un problème parce qu'il a déjà fait face à des situations semblables et qu'il peut aller rechercher celles-ci dans sa mémoire lorsqu'une situation similaire se présente. De la même façon, un médecin chevronné identifie plus rapidement les symptômes conduisant à un diagnostic que celui qui n'a vu que quelques patients. Après un certain temps, les connaissances acquises par l'expérience deviennent en quelque sorte des réflexes. C'est la *mémoire d'expérience.*

La troisième forme de mémoire, et de loin la plus importante pour notre adaptation et notre survie, est la *mémoire affective.* C'est elle qui nous fait éprouver, à l'évocation d'un souvenir, un sentiment, une impression, une sensation. La majorité de nos souvenirs proviennent de ce type de mémoire. Ce sont aussi ceux qui persistent le plus longtemps et qui résistent le plus à l'oubli. Ils sont responsables du développement de notre personnalité et contribuent très activement au processus de pensée. Pour ces deux dernières raisons, je vais m'y attarder un peu plus longuement, car comprendre comment fonctionne la mémoire affective nous permet de mieux saisir comment la pensée peut agir sur le fonctionnement du corps.

Le rôle de l'affectivité dans la mémoire

Tout au long de notre vie, nous sommes en relation avec les objets et les êtres qui nous entourent. Toute relation donne naissance à un lien affectif: nous aimons, nous détestons ou nous sommes indifférents, mais toujours nous réagissons par un affect. Ces émotions s'accompagnent de réactions physiologiques qui échappent à notre volonté. Celles-ci se déroulent de façon quasi réflexe, et si nous pouvons, jusqu'à un certain point, en contrôler les manifestations extérieures, nous n'avons aucun pouvoir sur le fait qu'elles surgissent à l'intérieur de nous.

La rencontre avec un être ou un objet provoque une réaction affective qui stimule l'amygdale. Celle-ci interpelle à son tour l'hippocampe, qui va déclencher la mise en mémoire de cette rencontre. Dans ce cadre, l'intensité du stimulus compte beaucoup plus que sa qualité: nous mémorisons autant les choses agréables que désagréables, et cela indépendamment de notre volonté. C'est la charge émotionnelle associée à l'événement qui décide de sa mémorisation.

Certains de nos souvenirs affectifs s'acquièrent dans un contexte général. Par exemple, je me souviens de la chambre où j'apprenais mes leçons, de l'appartement qui m'a vu grandir, de l'aspect de la rue entre ma maison et l'école, mais dans ces souvenirs, les détails exacts peuvent ne pas avoir été mémorisés. C'est l'impression générale qui demeure. Par contre, les détails sont beaucoup plus présents et précis lorsqu'un souvenir est acquis sous l'impact d'une émotion forte. Je me souviens, par exemple, d'un soir d'été durant lequel une petite voisine avait été heurtée par une voiture. De cet événement, je garde en mémoire des détails très précis. Je n'ai pas de souvenir visuel de l'accident parce qu'il ne s'est pas produit sous mes yeux, puisque j'étais dans la cour arrière de la maison. Mais les bruits sont restés intacts dans mon souvenir, de même que l'endroit où je me trouvais : dans la cour, près de l'entrée de la cave, à telle distance de la clôture. L'odeur de mouffette[4] qui planait dans l'air, car le petit animal était passé dans les environs et avait laissé sa trace, l'affolement des adultes, la luminosité de début de soirée qui régnait, la peur intense que je ressentais, tous ces détails se sont gravés dans mon souvenir et sont à jamais associés à l'accident. Quand nous évoquons l'un ou l'autre des détails ayant servi à mémoriser ce genre de souvenir affectif, c'est toute la scène qui nous revient.

Il importe de comprendre que, lorsqu'un événement est mémorisé sous l'impact d'une émotion, les faits banals sont enregistrés en même temps que l'événement, même s'ils sont sans rapport avec ce dernier. Dans l'exemple précédent, la luminosité de même que l'odeur de la mouffette n'ont rien à voir avec l'accident. Néanmoins, elles se sont associées au souvenir de ce dernier dans ma mémoire. Les odeurs, les couleurs, les formes, le contexte, tout est mémorisé en même temps que l'événement qui a déclenché l'émotion. Notre état intérieur, c'est-à-dire l'émotion ressentie, y est également associé à jamais. Tous les éléments ayant contribué à mémoriser un événement peuvent, par la suite, servir de clé pour déclencher le retour du souvenir. La luminosité particulière de ce soir d'été peut ainsi me rappeler l'accident, et avec lui l'émotion qui m'habitait alors. Ce mode de fonctionnement de la mémoire affective explique pourquoi certains faits de la vie ordinaire restent à jamais gravés dans notre mémoire. Nos souvenirs d'enfance sont souvent composés de ces faits apparemment anodins : une odeur de soupe, la couleur d'un vêtement, un objet sur un meuble. S'ils opposent une telle résistance à l'oubli malgré leur apparente insignifiance, c'est qu'ils ont fait partie du contexte de mémorisation d'une situation affective importante pour nous. Cette situation et l'événement dans sa

4. La mouffette est un petit mammifère vivant en Amérique apparenté au putois européen.

totalité demeurent en dehors de notre conscience mais n'en sont pas moins inscrits dans nos neurones. Seul l'un des détails qui s'y rattache parvient à notre conscience. Pour retrouver la totalité de la scène, il nous faut ensuite effectuer un travail de pensée particulier, un travail d'introspection.

Comment se souvient-on ?

Comme nous l'avons vu précédemment, notre état émotif échappe en grande partie à notre volonté. Cela est encore plus vrai de la mémoire. La majorité des éléments mémorisés par notre cerveau le sont *à notre insu*. Vouloir ou non nous souvenir de quelque chose est utopique, car nous disposons de peu de pouvoir conscient sur le fonctionnement de notre mémoire. Notre corps enregistre une foule d'informations, et ce, même si nous nous efforçons de les oublier. C'est l'émotion bien plus que la volonté qui décide. Et c'est une chance qu'il en soit ainsi, car notre cerveau sait mieux que nous ce qu'il doit mémoriser afin de faciliter notre adaptation à l'environnement et assurer notre survie. S'il nous fallait oublier tout ce qui ne nous plaît pas, nous serions privés d'informations précieuses, ce qui risquerait de mettre notre vie en danger.

Il semble que, dans la mémoire, les souvenirs soient accumulés des plus anciens aux plus récents et qu'ils soient reliés les uns aux autres par les sensations et les émotions qui leur sont apparentées. Lorsque nous explorons notre passé, ce sont souvent les mêmes images, les mêmes scènes qui nous reviennent. La plupart du temps, celles-ci ont une charge émotionnelle, mais pas toujours. Il arrive parfois qu'un événement, une conversation, un film ou une lecture déclenche en nous une réaction affective inattendue et indépendante de notre volonté. Il se peut que celle-ci fasse resurgir un souvenir que nous croyions avoir oublié. Ces expériences, que nous connaissons tous, illustrent bien le fonctionnement affectif de la mémoire. C'est en effet le *lien inconscient* entre l'émotion et le souvenir qui permet de retracer ce dernier.

Une exception : les traumatismes

Les événements traumatisants présentent une particularité en ce qui concerne le fonctionnement de la mémoire. À cause de leur forte charge affective, ils devraient, en principe, être inscrits dans la mémoire de façon encore plus prégnante que des souvenirs de moindre intensité. Or, on observe fréquemment le contraire : ces événements lourdement chargés d'émotion sont souvent frappés d'amnésie. Comment peut-on expliquer cela ? Nous avons vu que, pour mémoriser, les neurones ont besoin d'une certaine dose de stimulation, ni trop grande ni trop faible. Cela permet de comprendre que s'ils sont surchargés, comme c'est le cas lors d'un événement traumatique, leur efficacité s'en trouve entravée. Au lieu de faire leur travail, ils sont paralysés, ce qui empêche la mémorisation. Le choc subi par les neurones bombardés de stimuli n'en est pas moins réel. C'est ce choc lui-même qui sera conservé comme souvenir par la cellule nerveuse, c'est-à-dire la paralysie. Comme le souvenir de l'événement en tant que tel n'a pas été mémorisé, la pensée ne pourra pas l'utiliser. Ce phénomène peut être à la source du développement de certaines maladies et fera l'objet d'un chapitre ultérieur.

La mémoire est en constante activité dans le cerveau

Chaque nouvelle stimulation qui parvient au cerveau, qu'elle soit interne ou externe, impose à celui-ci une déformation de ce qui a été préalablement emmagasiné. C'est pourquoi, lorsque nous tentons de nous souvenir de notre passé, nous ne retrouvons jamais les souvenirs intacts comme nous retrouverions, par exemple, le contenu d'un tiroir tel que nous l'aurions rangé. Tout bouge constamment, tout change dans notre mémoire. Chaque fois que survient un nouveau stimulus, les souvenirs anciens y sont comparés. La mémoire réétudie ces derniers à la lumière des informations nouvelles et les remanie en intégrant celles-ci. La mémoire est perpétuellement en action et en transformation. À tout instant, elle enregistre de nouvelles informations, construit des circuits additionnels, complexifie les anciens, en abandonne et en détruit d'autres.

Au cours de tout ce remue-ménage, notre mémoire affective bénéficie d'une protection spéciale contre l'oubli. Les souvenirs émotifs sont en effet plus souvent tenus à l'abri de la destruction, mais ils sont aussi plus souvent utilisés dans les comparaisons et remaniés à la faveur de ces dernières. Notre personnalité, qui s'est développée grâce à notre mémoire, est donc aussi constamment retravaillée. Elle conserve une base stable, mais tout ce que nous vivons au jour le jour contribue à la nuancer, à la peaufiner, à l'affiner, ce qui lui permet de mieux faire face aux défis quotidiens. Ces remaniements se font grâce au travail que notre mémoire effectue sur nos souvenirs en les enrichissant par de nouvelles acquisitions.

Le rêve et la mémoire

La mémoire utilise souvent le rêve pour faire ce travail de transformation. Le rêve est une activité du cerveau qui échappe à notre conscience. Pendant que nous rêvons, d'anciens souvenirs sont réactivés et des éléments récents, vécus la veille ou l'avant-veille, sont intégrés. Grâce à la mise en veilleuse de la pensée logique durant le sommeil, notre cerveau peut voyager à sa guise dans ses divers circuits neuronaux, confondre passé et présent sans difficulté, et ne se préoccuper que de la similitude des émotions pour associer un souvenir à un événement récent. Voilà une autre illustration de l'activité inconsciente de la mémoire.

LE RETOUR DU SOUVENIR

Les trois façons de se remémorer un souvenir

Au moment de la remémoration, la nature affective de notre mémoire peut se présenter de trois façons. Un souvenir peut nous revenir sans être accompagné d'une émotion. Notre imagination peut alors tenter de recréer l'impression que nous avions éprouvée lorsqu'il s'est inscrit en nous. Dans un tel cas, le souvenir se réduit à un fait, alors que l'émotion est imaginée. On parle de *souvenir imaginaire.* L'émotion que nous imaginons n'a peut-être rien de semblable avec ce que nous avions réellement éprouvé au moment de la mise en mémoire. C'est avec notre personnalité actuelle, telle que remodelée par le travail de la mémoire, que nous interprétons le souvenir.

Il peut aussi arriver qu'un souvenir, au lieu de ramener l'émotion qui l'accompagnait dans le passé, produise en nous une réaction émotive nouvelle. Cela s'explique aussi par les transformations que la mémoire fait subir à notre personnalité. Grâce au vécu accumulé, nous pouvons parvenir à poser un regard différent sur l'enfant que nous avons été et ressentir face à lui des émotions très différentes de celles qui nous animaient durant notre enfance. Le *souvenir* est alors qualifié d'*émotif.*

Un souvenir peut aussi resurgir sous la forme d'une sensation accompagnée d'une émotion sans que la scène elle-même ne revienne en mémoire. L'odeur d'un pommier, un air de musique, la caresse du vent peuvent réveiller en moi une émotion particulière telle que la tristesse, la joie, la peur, sans que je sois capable de dire à quoi cette émotion s'associe dans mon souvenir. C'est que la *mémoire sensitive* est à l'œuvre. Par un travail de la pensée, sur lequel je reviendrai dans le prochain chapitre, l'événement peut être retrouvé, mais il se peut également qu'on ne le retrouve jamais.

L'oubli et l'inconscient

Une partie des événements mémorisés semble totalement oubliée par la pensée consciente. Par ailleurs, tous nos souvenirs conscients sont entachés d'imprécision, car ils font tous plus ou moins l'objet d'une certaine forme d'effacement et d'oubli. Un des éléments qui s'estompe le plus vite a trait au moment où l'événement s'est produit. Le plus souvent, nous éprouvons de la difficulté à resituer le souvenir dans le temps. Combien de fois, en vous rappelant un souvenir, n'avez-vous pas tenu un discours semblable à celui-ci : « Je me souviens de la petite robe jaune à pois blancs que je portais à six ans… mais était-ce bien à six ans ? N'avais-je pas plutôt huit ans, ou cinq ans ? Non, je devais avoir huit ans parce que je me revois avec cette robe sur le dos alors que mon frère était né mais ne marchait pas encore. Or, mon frère est né quand j'avais sept ans. Je crois pourtant que je portais cette robe dans la maison où je suis née, mais nous en sommes partis quand j'avais cinq ans, donc avant la naissance de mon frère… » On voit comment les divers éléments d'un souvenir s'entremêlent et nous font confondre les époques. De plus, il n'est pas rare que nous situions tel souvenir à un âge donné et qu'en y repensant quelque temps plus tard nous le rattachions à une autre période.

Les souvenirs sont rarement conformes à la réalité objective et l'incertitude quant à leur véracité nous habite souvent, surtout lorsque nous nous remémorons des événements qui ont eu lieu alors que nous étions en très bas âge. N'avez-vous pas souvent dit, par exemple : « Ai-je vraiment vécu cela ou ai-je tout inventé ? » ou « Est-ce que je m'en souviens vraiment ou ai-je l'impression de m'en souvenir parce qu'on me l'a souvent raconté ? »

Comme dans le stockage du souvenir, la volonté intervient très peu dans le phénomène de l'oubli. Il est très difficile d'oublier ce que l'on souhaite oublier, et de se rappeler ce que l'on souhaite se rappeler. Même si beaucoup d'éléments sont inaccessibles à notre conscience, donc apparemment oubliés, cela ne veut nullement dire que l'engramme biologique a été effacé. Notre cerveau conserve en mémoire une énorme quantité de souvenirs affectifs, et ce, à notre insu. Nous ne connaissons qu'une infime partie de ce que notre mémoire a enregistré et cette manne de souvenirs inconscients influence notre vie quotidienne, nos comportements et nos réactions émotives sans que nous le sachions. L'existence de l'inconscient, qui joue un rôle central dans notre façon d'être au monde, est le postulat de base de la psychanalyse. En comprenant mieux le fonctionnement biologique de la mémoire, on peut voir qu'à ce postulat correspond un support anatomique bien réel, autre argument pour dire que corps et psychisme ne font qu'un.

L'amnésie infantile
Dès le début de la vie intra-utérine, le cerveau commence à emmagasiner des informations à partir des sensations qui lui parviennent. Avant l'avènement du langage, l'enfant perçoit, mais il n'a pas encore à sa disposition les outils lui permettant d'interpréter ces sensations, c'est-à-dire la pensée et le langage. L'enfant mémorise ces sensations malgré tout, et peut-être même davantage parce que leur caractère incompréhensible peut les lui faire apparaître comme particulièrement angoissantes. Pour cette même raison, ces sensations sont donc accompagnées d'une charge émotive plus grande. Par ailleurs, comme l'enfant ne peut comprendre ni interpréter les faits ainsi mémorisés, il ne peut pas non plus en prendre conscience.

C'est ce qui explique le peu de souvenirs conscients avant l'âge de la parole. Peu de souvenirs conscients, mais beaucoup d'informations mémorisées. Toutes les perceptions intenses, que l'enfant a vécues sans les comprendre, par défaut de langage et de pensée, d'expérience et de connaissance, s'inscrivent dans ses neurones et contribuent à construire son inconscient. Cet aspect de la mémoire est important pour la compréhension du développement de certaines maladies.

PENSÉE, MÉMOIRE ET CORPS

Sans la mémoire, qui lui fournit son matériel de base, la pensée ne pourrait pas fonctionner. Il faut que certaines données aient été mémorisées pour que la pensée puisse commencer à opérer. C'est pourquoi on croit que l'enfant est incapable de penser à la naissance. Il observe, enregistre, absorbe, mais ne comprend pas ce qu'il vit et ne fait pas de liens par la pensée. Sa mémoire devra d'abord enregistrer plusieurs expériences affectives avant que sa pensée puisse se mettre en action. Sans mémoire, il ne peut y avoir de pensée.

Par ailleurs, la mémoire n'existerait pas sans le corps, car c'est à partir des informations apportées par ce dernier, soit les sensations provenant des organes des sens ou les informations émanant des viscères, que la mémoire se met à l'œuvre. *La mémoire est ce qui relie le corps à la pensée.* C'est en comprenant le fonctionnement de la mémoire et son rôle majeur dans la transformation qu'elle fait subir aux événements corporels, c'est-à-dire aux sensations, que nous pouvons mieux saisir les liens étroits qui unissent la pensée et le corps. La mémoire est d'une importance majeure pour la conservation de la santé. Perdre la mémoire, c'est perdre la capacité de penser, et perdre celle-ci, c'est mourir.

5
Le stress et la maladie

Je le sais, ce qui me torture, ce n'est pas la bile… c'est la mort qui se développe en moi…

Stefan Zweig,
Destruction d'un cœur

Trop de tension interne peut conduire à la maladie. Hans Selye, avec sa *théorie du stress,* explique comment des facteurs psychologiques (les émotions surtout) peuvent avoir un impact sur la santé physique. Sa théorie a inspiré plusieurs chercheurs adeptes des neurosciences et désireux de mieux comprendre les liens entre le somatique et le psychologique. Henri Laborit est un de ceux-là. Avec sa *théorie de l'inhibition de l'action,* il insiste sur l'importance de pouvoir agir sur notre environnement pour bien nous adapter et tirer notre épingle du jeu dans un monde où nous sommes perpétuellement soumis à des sources de tension. Lorsque nous n'y parvenons pas, notre corps connaît un état de stress qui peut le conduire à développer une maladie. Laborit montre aussi que, dans bien des situations de la vie quotidienne, l'action n'est pas toujours possible. Heureusement, notre cerveau est doté d'un outil très précieux qui peut nous éviter de tomber dans l'inhibition de l'action. Cet outil, c'est la pensée imaginative.

Action et pensée sont donc nécessaires pour composer avec le stress de la vie. Pour faire face aux tensions quotidiennes, chacun possède sa « boîte à outils » personnelle qui correspond à sa façon d'utiliser l'action et la pensée. Par des exemples fictifs, je vous propose de regarder ce à quoi peuvent ressembler ces boîtes à outils individuelles.

QU'EST-CE QUE LE STRESS ?

Hans Selye, physiologiste du début du XXe siècle, a étudié les réactions de l'organisme soumis à de fortes tensions. Ses recherches, que présente Robert Dantzer (1989) dont je m'inspire ici, ont abouti à la théorie du stress qui apporte un éclairage intéressant pour la compréhension des liens existant entre l'accumulation de tension dans le corps et le développement de certaines maladies.

Le mot « stress » est entré dans le vocabulaire courant. Comme cela se produit souvent lorsqu'un mot se répand dans la population, il est utilisé pour tout et rien, et son sens premier se perd. Pour cette raison, la plupart d'entre nous ignorons la définition que Selye lui avait donnée et qui peut se résumer comme suit : *un état de tension aiguë de l'organisme obligé de mobiliser ses défenses pour faire face à une situation menaçante.* Soumis à cette tension interne, l'organisme développe toute une série de réactions physiologiques que Selye désigne sous le terme de *syndrome général d'adaptation* ou SGA. Scientifiquement parlant, le stress se conçoit donc comme un ensemble de *réactions physiologiques* que l'on peut observer et soumettre à l'expérimentation. L'acception populaire du mot confond souvent ces réactions physiologiques avec l'élément extérieur qui en est la cause, soit le *facteur de stress.*

Les trois phases du syndrome général d'adaptation

Selye identifie trois phases de la réaction d'adaptation au stress. La première est une *phase d'alarme,* elle se caractérise par une série de réactions physiques : augmentation du rythme cardiaque, baisse de la température corporelle, décharge d'adrénaline, par exemple. Si la tension se prolonge, l'organisme entre dans une deuxième phase, la *phase de résistance,* caractérisée par une augmentation de l'activité et du volume de la glande corticosurrénale qui sécrète l'adrénaline et plusieurs autres hormones, pour la plupart des glucocorticoïdes qui ont un effet sur le métabolisme des sucres. Autrement dit, l'organisme fait un effort extrême pour s'adapter. Si le stress se maintient malgré tout, le corps tombe dans une *phase d'épuisement.* L'organisme devient victime de l'excès de ses propres tentatives pour s'adapter à la situation. L'hyperactivité de la glande corticosurrénale au cours de la phase de résistance devient alors responsable du développement de divers troubles d'adaptation tels que la fatigue, l'insomnie, l'état dépressif. Ceux-ci sont souvent accompagnés d'un cortège de symptômes physiques tels que maux de tête, vertiges, manque d'appétit, nausées, douleurs musculaires, gêne respiratoire, maux de ventre, difficultés à digérer. Selon Selye, ces troubles fonctionnels qui, souvenez-vous, constituent une bonne partie des motifs de consultation du médecin de pratique générale, offrent un nid parfait au développement de maladies telles qu'ulcères, dermatoses, hypertension artérielle, et autres. Ils sont en effet l'expression de l'épuisement de l'organisme dans la lutte. Si la tension ne disparaît pas, l'étape suivante risque fort d'être la maladie.

Le syndrome général d'adaptation et les trois niveaux du cerveau

La sécrétion des hormones de stress, qui sont pour la plupart des glucocorticoïdes, survient à l'extrémité de toute une chaîne de réactions physiologiques qui impliquent les trois niveaux du cerveau. Les glandes surrénales qui les produisent sont en effet commandées par la glande hypophyse, glande maîtresse qui coordonne toutes les autres. Or, l'hypophyse est elle-même sous le contrôle de l'hypothalamus, qui fait partie du cerveau reptilien. Et ce dernier est influencé par le système limbique, siège des émotions et de la centrale de la mémoire, qui se trouve lui-même en interaction avec le néocortex, responsable de la pensée.

Par ses expériences, Selye a montré que les émotions ont des répercussions sur le corps et qu'elles peuvent entraîner les réponses physiologiques du stress, voire la maladie. Selye ne parle donc pas de l'influence de la pensée sur le déclenchement des hormones du stress, mais la structure du cerveau en trois niveaux hiérarchiques permet de faire l'hypothèse que celle-ci a un impact dans le déclenchement de la chaîne des réactions physiologiques pouvant mener à la maladie. Le schéma qui suit illustre les différents niveaux de réactions qui s'enchaînent dans le déclenchement du SGA.

L'ENCHAÎNEMENT DES RÉACTIONS POUVANT MENER À LA SÉCRÉTION DES HORMONES DU STRESS ET AU DÉVELOPPEMENT D'UNE MALADIE

CORTEX
(pensée consciente)

↓

SYSTÈME LIMBIQUE
(émotions, mémoire)

↓

HYPOTHALAMUS
(hormone CRF)

↓

HYPOPHYSE
(hormone ACTH)

↓

SURRÉNALES
(hormones du stress)

↓

TROUBLE DE L'ADAPTATION

↓

MALADIE

Le stress et la subjectivité

Selon les observations de Selye, le facteur de stress qui provoque un syndrome d'adaptation de l'organisme peut être autant d'origine psychologique (un deuil, une perte d'emploi, l'anxiété devant un examen) que physique (une blessure corporelle, une intervention chirurgicale, par exemple). Selye observe aussi que les réactions physiologiques déclenchées par l'organisme pour tenter de s'adapter au facteur de stress sont *non spécifiques* à l'événement qui les déclenche, c'est-à-dire qu'une blessure corporelle peut entraîner les mêmes réactions physiologiques que la peur devant un examen à passer ou que la douleur ressentie à la perte d'un être cher. Par ailleurs, l'annonce d'un événement heureux mais imprévu, autant que l'annonce d'une mauvaise nouvelle, peut également déclencher les réactions évoquées. Autrement dit, le système hormonal réagit de façon uniforme à tout agent stressant, quelle que soit la nature de celui-ci.

D'autres chercheurs ont tenté de classifier par ordre d'importance les facteurs de stress. Une échelle comparative a été dressée par deux Américains, Holmes et Rahe (dans Stora, 1993, p. 29). Elle comporte 43 items représentant des situations familiales telles qu'une séparation conjugale, la naissance ou le départ d'un enfant, ou des événements personnels et professionnels comme une maladie, une mise à la retraite anticipée, une faillite. Tous ces facteurs de stress contraignent les individus à s'adapter aux changements. Sur cette échelle, les situations sont classées selon leur potentiel stressant qui est lui-même évalué à partir des réactions moyennes d'un grand nombre d'individus. Ces études ont montré, de façon statistiquement significative, qu'il existe des relations entre le nombre et l'intensité des événements qu'un individu vit et la probabilité de développer une maladie dans un avenir proche. Cette liste ne doit cependant pas être prise au pied de la lettre car, ayant été établie à partir de moyennes, elle ne tient pas compte des différences individuelles. Or, celles-ci sont primordiales pour déterminer l'importance de tel facteur de stress chez un individu donné. Par exemple, la liste confère au décès d'un ami intime la valeur de 37 (sur 100) sur l'échelle des facteurs de risque et celle de 63 au décès d'un membre de la famille proche. Si l'on se fie à l'échelle, cela veut dire que pour la moyenne des gens le décès d'un proche serait presque deux fois plus stressant que celui d'un ami cher. Il existe pourtant des individus sans famille qui considèrent un ami de longue date comme la personne la plus significative pour eux. Le décès de cet ami, pour ces personnes, peut être beaucoup plus difficile à affronter qu'il ne l'est pour quelqu'un dont la famille occupe une grande place dans sa vie.

Même si le terme « stress » est largement utilisé dans le langage courant, il ne faut pas perdre de vue que cette notion est de nature purement biologique. Par ailleurs, bien qu'elle soit importante pour comprendre les liens entre le corps et le psychisme, elle échoue à expliquer les différences individuelles quant aux réactions aux facteurs de stress. Par exemple, elle n'explique pas pourquoi tel individu réagira par une très forte réaction de stress à la mort de son chat, alors qu'un autre restera froid devant le même événement. Lorsque l'on veut comprendre les rapports entre corps et esprit, il ne faut jamais oublier la *subjectivité*, car c'est elle qui témoigne des apprentissages faits par la personne, et c'est avec ceux-ci que l'individu réagit à l'environnement. Par conséquent, c'est elle qui est avant tout en cause dans les variations des réactions des individus aux divers facteurs de stress.

AGIR POUR SURVIVRE

Henri Laborit vous est sans doute plus connu parce qu'il a écrit de nombreux ouvrages populaires pour exposer sa théorie psychosomatique de l'inhibition de l'action. Laborit (1980) explique que les êtres humains fonctionnent dans un environnement social auquel il leur faut s'adapter pour trouver réponse à leurs besoins : manger, dormir, aimer, être aimé, faire sa place, etc. Pour y parvenir, ils doivent agir sur leur environnement.

C'est le cerveau qui coordonne cette action. Il le fait à partir des informations qui lui parviennent de l'extérieur par l'intermédiaire des organes des sens, et de l'intérieur par le biais du cerveau reptilien qui l'informe à tout moment des variations chimiques se produisant dans le corps. À partir de ces deux sources d'information, le cerveau peut organiser l'action. Par exemple, si, grâce au cerveau reptilien, il détecte que j'ai faim, il va utiliser les informations qu'il a par ailleurs reçues de l'extérieur pour trouver où et comment je peux me nourrir. Pour agir de façon efficace, il doit également tenir compte des apprentissages. C'est pourquoi il mémorise les circonstances qui ont fait d'un événement vécu une expérience agréable ou désagréable, permettant par la suite de rechercher les situations favorables et d'éviter celles qui sont nuisibles. Il peut, par exemple, m'orienter vers tel petit restaurant dont j'ai gardé un bon souvenir.

Pour coordonner l'action, il existe à l'intérieur de notre cerveau deux systèmes correspondant à des structures nerveuses spécifiques. Ces deux systèmes ont des fonctions opposées. Un premier système, le *système activateur de l'action,* est chargé d'organiser nos comportements en vue de la meilleure adaptation possible. Il est lui-même composé de deux faisceaux neuronaux. Le *faisceau de la récompense* est chargé de mémoriser des situations agréables et de rechercher activement des situations semblables. Le *faisceau de la punition,* quant à lui, s'occupe de mémoriser les situations désagréables, de détecter celles qui leur ressemblent et d'organiser des réactions de fuite ou d'attaque devant celles-ci. L'action conjuguée des deux faisceaux coordonne notre action. Un deuxième système, le *système inhibiteur de l'action,* entre en jeu lorsque l'individu, confronté à une situation déplaisante ou douloureuse, ne peut ni attaquer ni fuir, c'est-à-dire lorsque aucune action n'est possible pour se sortir de la situation. N'ayant aucune possibilité de contrôler celle-ci, l'individu ne peut que la subir. C'est alors que le facteur de stress perdure et qu'il y a risque pour l'organisme de tomber en phase d'épuisement. Selon Laborit, les maladies résulteraient de l'inhibition de l'action.

Le système activateur de l'action et les trois niveaux du cerveau

Comme les deux faisceaux qui constituent le système activateur de l'action traversent les trois niveaux du cerveau, chacun de ceux-ci contribue à organiser l'action de l'individu. Le cerveau reptilien guide l'action de l'organisme vers la satisfaction des besoins de base tels que boire, manger, copuler. Les informations qui en proviennent sont essentielles dans l'organisation des actions à concrétiser pour survivre. Ce niveau, on s'en souvient, fonctionne dans l'immédiat, de façon réflexe et ne tient pas compte de l'apprentissage. Devant un besoin de nourriture, par exemple, il réagirait immédiatement : j'ai faim, je sens ou je vois de la nourriture, je me l'approprie et je mange. S'il était le seul à guider l'action, son impulsivité risquerait de mener l'individu à avoir des gestes inadéquats qui, au lieu d'assurer sa survie, pourraient lui occasionner des problèmes, voire mettre sa vie en danger. Sous sa seule gouverne, quelqu'un d'affamé pourrait en effet manger dans l'assiette du voisin, ou s'emparer des fruits à l'étalage d'un épicier sans réfléchir aux conséquences néfastes probables de son geste.

L'apprentissage nous permet de prévoir les conséquences de nos actions. Si nous ne mangeons pas dans l'assiette du voisin et ne volons pas dans les magasins, c'est parce que nos expériences infantiles nous ont appris que de tels comportements risquent d'avoir des conséquences plus fâcheuses que de simplement différer le moment de manger. L'apprentissage est donc très important dans l'organisation efficace de l'action en vue d'une récompense. Le concours du système limbique s'avère ici indispensable, car il peut utiliser ce qu'il a mémorisé des expériences antérieures pour déterminer si une situation est potentiellement agréable ou désagréable. À partir de ces informations, il peut freiner momentanément les comportements instinctifs impulsifs ordonnés par le diencéphale s'il pressent que ceux-ci pourraient avoir des conséquences fâcheuses.

L'action du système limbique, fondée sur nos apprentissages, conditionne ainsi nos comportements instinctifs de base qui prennent, de ce fait, une couleur plus personnelle. C'est pourquoi, lorsque nous avons atteint l'âge adulte, notre façon de manger ne répond plus uniquement au seul besoin de nourriture, mais dépend aussi des expériences agréables ou désagréables que nous avons associées à la façon de nous alimenter durant notre enfance. Par exemple, si les repas en famille étaient l'occasion de rencontres et d'échanges dans un climat d'amour, il est probable que devenus adultes nous ayons tendance à recréer des repas du même genre. À l'inverse, un individu qui, pour une raison quelconque, aurait été privé de nourriture en bas âge, aura mémorisé cette expérience désagréable et pourra ultérieurement développer un comportement alimentaire mésadapté : manger très vite alors que rien ne l'y oblige, manger exagérément ou faire des provisions insensées. Il peut même agir ainsi sans avoir conscience du lien entre son comportement inadéquat et la privation qu'il a connue durant son enfance.

Nous avons mémorisé nos expériences infantiles le plus souvent à notre insu. Ces engrammes inconscients guident par la suite nos comportements plus sûrement que la pulsion primitive. Du fait de ces apprentissages, le système limbique peut nous aider à agir de manière plus adaptée, mais, comme il ne tient pas compte des différences entre les situations actuelles et l'expérience passée, il peut aussi, à notre insu, nous emprisonner dans des comportements inadéquats.

Seule la pensée consciente peut nuancer et évaluer si, malgré les ressemblances, la situation actuelle diffère suffisamment de celle du passé pour ne pas avoir les mêmes conséquences. L'intervention du néocortex s'avère donc elle aussi très importante pour maximiser l'efficacité de l'action. Grâce à ses capacités d'anticipation et d'imagination, le néocortex permet d'analyser la situation nouvelle en la comparant aux anciennes, à partir à la fois des informations fournies par le système limbique et des éléments nouveaux. Parce qu'il est capable de combiner différemment les éléments mémorisés lors d'apprentissages antérieurs, il peut déterminer la meilleure stratégie à mettre en œuvre dans la recherche de situations agréables et l'évitement de situations désagréables. Il est, par exemple, capable d'évaluer qu'un danger auquel j'ai été confrontée quand j'avais cinq ans n'est plus aussi inquiétant aujourd'hui puisque, étant adulte, j'ai davantage de moyens pour y faire face et qu'en plus les circonstances entourant ce que je perçois comme dangereux sont différentes et ne demandent pas autant de vigilance. Le néocortex répond à la situation présente en tenant compte du *passé mémorisé* et en anticipant le *résultat futur* à partir des éléments nouveaux. C'est son concours qui assure la plus grande efficacité à notre action.

Au chapitre 3, nous avons vu que le néocortex ne parvient pas toujours à bien faire son travail. Les expériences mémorisées inconsciemment par le système limbique conditionnent très fortement nos réactions et peuvent mettre le néocortex en échec dans sa fonction réflexive et créatrice. Néanmoins, lorsque ce dernier parvient à tenir compte des apprentissages sans en être l'esclave, il a le pouvoir d'adopter la meilleure stratégie possible pour que nous puissions bien agir sur notre environnement. C'est pourquoi Laborit pense que plus nous prenons conscience des automatismes que nous avons développés au cours de nos apprentissages, plus nous avons de chance de bien utiliser nos facultés supérieures, la pensée et l'imaginaire, afin de réagir à notre environnement de façon adaptée.

Inhibition de l'action et maladie

Quand une personne est confrontée à une situation déplaisante et qu'elle se trouve dans l'impossibilité d'agir sur celle-ci par la fuite ou par l'attaque, elle tombe dans ce que Laborit appelle l'inhibition de l'action. Selon ce chercheur, toute maladie, qu'elle soit physique ou mentale, résulte d'une inhibition de l'action qui déclenche les réactions de stress et débouche sur le vécu d'angoisse. Par la suite, ou simultanément, apparaissent toutes sortes de symptômes tant physiques que psychiques comme les comportements agressifs, impulsifs ou violents, les agirs suicidaires, les toxicomanies, les névroses, les psychoses et les dépressions, ainsi que les maladies physiques. L'ensemble de ces troubles, selon Laborit, découle des modifications physiologiques dues au stress et à l'inhibition de l'action. Le développement de la maladie suivrait donc toujours la même séquence.

L'IMPACT DE L'INHIBITION DE L'ACTION SUR LE DÉVELOPPEMENT DE LA MALADIE

Inhibition de l'action

↓

Réaction de stress

↓

Angoisse

↓

Agir impulsif désordonné
(violence, accoutumances telles que l'alcoolisme, ou dépression)

↓

Apparition de la maladie

Pour Laborit, parler de maladies psychosomatiques, par opposition à d'autres maladies qui seraient purement physiques, est un non-sens. Tout est toujours psychosomatique dans le fonctionnement humain puisque tant les émotions que la pensée ont une action constante sur les viscères, et vice-versa. Selon lui, la médecine traditionnelle insiste trop sur le rôle de l'agent pathogène et pas assez sur celui de *l'histoire du sujet,* à la fois passée — ce qu'il a mémorisé et qui influence son action — et actuelle : est-il en situation d'activation ou d'inhibition de l'action ? L'agent pathogène est certes important, mais il n'est pas seul à déterminer la maladie puisqu'il agit sur un organisme doté de mémoires génétique, immunologique et nerveuse, et qui, au moment précis où il fait la rencontre du virus ou du microbe, se trouve dans tel ou tel état d'activation ou d'inhibition de l'action. Laborit ne croit pas que la maladie frappe au hasard. Il n'explique cependant pas pourquoi, chez tel individu, l'inhibition de l'action se solde par un trouble psychique (dépression, névrose, psychose) et en reste à ce dysfonctionnement, alors que chez un autre, les perturbations psychologiques telles que l'angoisse, déclenchent plutôt une maladie physique. Nous verrons, au cours des chapitres qui suivent, comment la psychosomatique inspirée des théories psychanalytiques explique ces variations.

DEUX MOYENS POUR ÉVACUER LES TENSIONS

Laborit souligne l'importance qu'il y a à ne pas accumuler de stress si l'on veut éviter de tomber malade. Autant que faire se peut, il faut également tenter d'échapper à l'inhibition de l'action. Il arrive cependant qu'agir soit impossible. Dans ces moments-là, le recours à l'imaginaire peut être d'un grand secours. Pour rester en bonne santé, nous disposons donc de deux grands moyens : l'action et l'imaginaire.

Pour Pierre Marty (1991), un psychanalyste psychosomaticien ayant œuvré en milieu hospitalier, notre organisme est soumis quotidiennement à des sources de tension. Il peut s'agir du simple réveille-matin qui nous tire du sommeil, des enfants qui pleurent, des difficultés financières de fin de mois, des défis à relever au travail, mais aussi d'événements plus éprouvants comme subir un échec ou perdre un être cher. Ces tensions doivent trouver une voie de décharge afin que l'équilibre interne soit maintenu. Marty, comme Laborit, est d'avis que deux moyens s'offrent à nous pour ce faire : le comportement et l'activité mentale.

L'action

Selon Laborit, l'individu confronté à une situation désagréable cherche à trouver des moyens de modifier celle-ci afin de faire disparaître le malaise. S'il le peut, il attaque et se défend. Si cette réaction d'autodéfense risque de lui occasionner plutôt du désagrément, il peut encore agir en fuyant. Marty pense aussi qu'agir contribue à libérer certaines tensions, mais, selon lui, cela inclut beaucoup plus que la seule action sur l'environnement. Vous avez tous déjà expérimenté combien faire une promenade après le repas, avant de se remettre au travail, fait du bien. Nous reprenons nos activités avec le sentiment de nous être allégés d'un peu de nos tensions. Ceux qui ont l'habitude de pratiquer un exercice physique régulièrement savent aussi à quel point cela procure un sentiment de bien-être qui aide à ramener la bonne humeur.

Marty précise cependant que les comportements n'ont pas tous la même efficacité. Ainsi, les *activités impulsives* et purement motrices, telles que fumer, boire ou manger de façon réflexe, ont un effet soulageant immédiat, mais de courte durée. Ces comportements sont déclenchés par la seule tension physique, avant même que l'émotion qui y est associée ait été ressentie consciemment. Pour Marty, ces activités impulsives et réflexes n'ont qu'une efficacité toute relative quand il s'agit d'évacuer les tensions, non seulement parce que leur effet est de courte durée, mais surtout parce qu'elles étouffent immédiatement l'émotion qui aurait pu se développer et bloquent du coup toute participation de la pensée créatrice. Par ordre croissant d'efficacité viennent ensuite les *décharges émotionnelles*. Il s'agit de comportements qui expriment une émotion, par exemple crier ou frapper lorsqu'on est en colère, rire quand on est heureux ou mal à l'aise, pleurer lorsqu'on est triste, etc. Ces comportements permettent d'évacuer rapidement le malaise, mais, à l'inverse des actions impulsives, ils présentent l'avantage de ne pas étouffer l'émotion. Ils ouvrent ainsi la voie à un travail de la pensée qui pourra ou non se faire. Au troisième rang se situent les *activités sportives*, *manuelles* ou *artistiques*, pratiquées de façon régulière. L'efficacité de ces activités réside surtout dans leur régularité qui permet un écoulement continu des tensions journalières et contribue ainsi à maintenir le niveau de tension général au plus bas. Finalement, les actions les plus efficaces, selon Marty, seraient les *comportements réfléchis* qui découlent d'un travail préalable de la pensée sur la situation qui est source de tension. Par exemple, trier, classer et donner les vêtements d'un être cher qui est décédé après avoir fait un travail psychique de deuil. Le même geste fait rapidement après le décès de la personne serait plutôt à classer parmi les actes impulsifs, car il est une tentative pour éviter d'être confronté aux émotions difficiles inhérentes à la perte : la douleur, la peine, la colère, le sentiment d'abandon, notamment. Éviter l'émotion, c'est empêcher le travail de la pensée qui permettrait de faire le deuil. En agissant ainsi, nous croyons tourner la page sur la souffrance, mais c'est un leurre parce que la douleur évitée ne peut que nous rattraper au détour puisque nous ne faisons que la masquer.

En résumé, les comportements sans concours de la pensée permettent une certaine décharge de tension, mais de façon temporaire et incomplète. Ils sont donc peu efficaces pour modifier notre rapport à ce qui nous fait souffrir parce qu'ils doivent être répétés chaque fois que la source de la tension se manifeste. Les actions découlant d'un travail de la pensée nous permettent, au contraire, d'envisager d'autres façons de voir la situation et de vraiment tourner la page.

L'imaginaire

Il arrive que, devant une situation difficile, nous soyons incapables d'agir, c'est-à-dire, comme le dit Laborit, incapables d'attaquer ou de fuir. Pensons à quelqu'un qui aurait des conflits importants avec son patron au travail. Il ne peut ni attaquer ce dernier ni donner sa démission, surtout s'il n'est pas certain de trouver un autre emploi. Il doit donc subir la situation désagréable, ce qui augmente son risque de devoir inhiber son action. De telles situations sont fréquentes dans la vie en société. L'être humain dispose heureusement d'un autre moyen pour éviter de subir passivement la situation déplaisante : le recours à l'imaginaire. Nous pouvons utiliser notre imaginaire de deux façons pour nous prémunir contre une situation difficile.

La fuite dans l'imaginaire

Nous pouvons fuir dans l'imaginaire, c'est-à-dire nous réfugier dans le rêve, afin de nous protéger d'une réalité trop difficile. Boris

Cyrulnik (1999), avec son concept de *résilience*, a montré comment des enfants ayant connu des situations traumatisantes durant leur enfance ont réussi malgré tout à bien se tirer d'affaire dans la vie. La plupart du temps, ces enfants avaient su trouver refuge dans leur imaginaire, ce qui leur avait permis de tolérer la situation difficile et de garder espoir. Dans le même ordre d'idées, plusieurs recherches ont montré que ceux qui ont survécu aux horreurs des camps de concentration avaient su utiliser leur imaginaire pour se soustraire à la réalité terrifiante dans laquelle ils vivaient. Jorge Semprun (1997), par exemple, tandis qu'il était incarcéré dans un de ces camps de la mort, récitait des poèmes de mémoire et lisait de la poésie. Se soustraire à l'atrocité en se réfugiant dans son imaginaire aide à ne pas désespérer et à continuer à croire en la beauté et en l'amour.

La créativité

L'être humain peut aussi, grâce à la créativité, chercher à appréhender la situation difficile autrement afin de trouver une façon de mieux s'y adapter. Selon Laborit, pour parvenir à développer ce nouveau regard, nous devons identifier les automatismes que nous avons mémorisés, car ce sont eux qui empêchent le bon fonctionnement de notre imaginaire, et les dépasser. Je vous donne un exemple. Un de mes clients se plaignait de son directeur qui ne soulignait jamais ses succès, mais ne manquait pas de le rappeler à l'ordre dès qu'un petit quelque chose, un retard exceptionnel par exemple, survenait. Lors des premières consultations, il envisageait sérieusement de quitter son emploi tant cette situation l'irritait et le faisait souffrir. Après quelques mois de thérapie durant lesquels il a beaucoup parlé de sa relation avec son père, qui le critiquait constamment et qui décourageait chez lui toute initiative personnelle, il s'est rendu compte qu'il percevait son directeur comme ce père devant qui il se sentait petit et incapable de parler. Face à son patron, il avait le même désir d'être reconnu, et ressentait la même frustration de ne pas l'être. Parler de son rapport à son père l'a aidé à voir ce dernier autrement, avec des yeux d'adulte. Il a pu prendre confiance en lui et se donner à lui-même cette reconnaissance. Prendre conscience de la nature infantile de son besoin, qui le poussait à rechercher de la reconnaissance auprès de son directeur, l'a aidé à se distancier de ce dernier et à être moins affecté par son attitude. Se sentant moins vulnérable, il a même réussi à trouver la façon de lui parler sans l'attaquer. Leur relation s'est améliorée et mon client ne parle plus de quitter son emploi.

Prendre conscience des automatismes appris, qui nous empêchent souvent de trouver des façons de mieux composer avec les situations difficiles, peut libérer notre créativité et nous permettre d'envisager de nouvelles solutions. Lorsque nous parvenons à utiliser notre capacité de penser de cette façon, celle-ci peut contribuer à nous maintenir en bonne santé physique et mentale. Marty s'est attardé à mieux cerner la nature de l'imaginaire. Pour sa part, il préfère plutôt parler d'*activité mentale* ou de *pensée imaginative et associative*. Selon lui, celle-ci joue un rôle majeur dans la canalisation des tensions internes parce qu'elle permet d'envisager les difficultés sous un autre angle et de trouver des façons plus adaptées et moins coûteuses, en énergie, de composer avec elles. L'activité mentale est le moyen le plus efficace dont l'être humain dispose pour évacuer les tensions et s'adapter à son environnement.

Mais pour que la pensée imaginative soit efficace au cours de ce travail, il faut qu'elle soit en contact étroit avec l'émotion qui accompagne la tension. Éviter de penser à une situation désagréable ne peut que nous éloigner de l'émotion parce que nous ne ressentons plus celle-ci. Or, ne pas la ressentir ne fait pas disparaître pour autant la tension qui l'a provoquée. Comme nous l'avons déjà souligné, nous avons un contrôle sur la manifestation extérieure de nos émotions, mais aucun sur leur effet interne. Étouffer l'émotion court-circuite l'activité mentale qui pourrait être initiée par elle; cela bloque la recherche d'une solution nouvelle. Malheureusement, bien des gens ont tendance à chasser l'émotion avant que leur pensée ait eu le temps de s'y attarder pour leur permettre d'en faire quelque chose de créateur. Ce faisant, ils se privent de leur outil le plus précieux pour évacuer la tension et rester en bonne santé.

Au chapitre suivant, j'approfondirai la question du travail de la pensée créatrice. Avant cela, j'aimerais m'attarder encore un peu sur celle des outils dont nous disposons pour faire face à la tension en parlant des différences individuelles quant à la façon de les utiliser.

À CHACUN SES OUTILS

Chaque être humain a sa façon personnelle de réagir au stress, son coffre à outils préféré. Certains privilégient tel type de comportement et se servent peu de leur pensée. D'autres disposent d'un éventail d'activités qu'ils choisissent en fonction de la situation, et ont aussi parfois recours à l'imaginaire. D'autres enfin ont une propension à se fier davantage à leur activité mentale et se servent des comportements comme d'outils complémentaires à l'occasion.

Voyons par quelques exemples à quoi peuvent ressembler ces coffres à outils. Imaginons quatre individus réagissant chacun à sa façon au même facteur de stress, soit un conflit au sein de leur équipe de travail. Pour construire ces exemples, je me suis inspirée de personnes réelles, j'ai volontairement emprunté des éléments aux unes et aux autres, cela afin de mieux souligner les effets des différents types de comportement et du travail de la pensée, mais aucun des quatre personnages fictifs ne correspond exactement à l'une d'elles. Bien entendu, dans la réalité, il est rare de croiser des individus aussi caricaturaux, les boîtes à outils de chacun présentant une grande diversité, beaucoup de nuances et de subtilités.

Quatre façons de réagir au stress

Monsieur Roger Bontemps

Un premier individu, Monsieur Roger Bontemps[5], réagit au conflit en demeurant apparemment calme. Il observe la situation sans rien

5. Au Québec, l'expression *Un Roger Bontemps* désigne une personne qui prend la vie du bon côté.

dire, émettant de temps à autre un petit rire nerveux qu'il étouffe aussitôt. Au moment le plus fort du conflit, il ressent un vague malaise physique, une bouffée de chaleur, des palpitations ou autre chose de ce genre, mais il y accorde peu d'importance. Il intervient de temps à autre en cherchant à minimiser le conflit, affirmant qu'« il n'y a rien là » ou que « ce n'est pas bien grave ». Intérieurement, il se montre critique devant les manifestations affectives des autres : hausser le ton, s'emporter, jurer ou pleurer. Il peut même lui arriver de juger ces gens et de se dire qu'ils sont bien trop émotifs ou bien trop sensibles. Sitôt la réunion terminée, il s'empresse de saluer ses collègues et part comme si rien ne s'était passé. Une fois rentré chez lui, il raconte l'incident à son épouse sur un ton désinvolte en insistant sur les réactions infantiles de ses collègues, et déclare qu'il ne veut pas s'intéresser à de telles peccadilles plus longtemps. Il chasse vite ces pensées et se met au travail, car il a rapporté des dossiers. En se concentrant sur ceux-ci, il suce plusieurs bonbons et un observateur extérieur pourrait voir sa jambe droite remuer sans arrêt. Plus tard durant la soirée, le malaise physique ressenti durant la réunion réapparaît. Il le connaît bien, il en a l'habitude. Il se dira : « Ah ! C'est encore ma tension qui monte. » Il s'empresse de prendre son médicament pour chasser l'inconfort qu'il ressent. Pour lui, c'est « sa maladie », rien de plus. Il ne fait pas le lien entre l'augmentation de sa tension artérielle et le climat tendu subi au bureau toute la journée. Sa femme, elle, fait ce lien. Elle est inquiète, elle lui dit de se calmer et d'oublier ce qui s'est passé au travail. Il ne comprend pas pourquoi elle dit cela, car lui-même n'y pense plus : ce sont des enfantillages et il n'entre pas dans ce jeu-là. Il se fâche un peu contre elle qui « ne comprend rien » et « dramatise toujours tout ». À la fin de la soirée, il se couche et tombe immédiatement dans un sommeil sans rêve. Dans les jours qui suivent, il a du mal à digérer, a souvent des maux de tête, mais il persiste dans son refus de penser à ce qu'il vit au travail ; quant à en parler, c'est tout simplement hors de question pour lui.

Monsieur Presto

Un deuxième individu, Monsieur Presto, réagit à la même situation de façon toute différente. Durant la réunion, lorsque le conflit éclate, il devient rouge et sent « la moutarde lui monter au nez ». Il tente de se contenir, mais le geste lui échappe, il assène un coup de poing sur la table, laisse échapper un juron, se lève brusquement et quitte la salle de réunion en claquant la porte. En préparant ses affaires pour quitter le bureau, il continue à maugréer contre tel ou tel collègue. Une fois à la maison, il déverse sa colère sur sa femme et ses enfants, qui se tiennent cependant tranquilles, habitués qu'ils sont à ces orages aussi tonitruants que passagers. Durant toute la soirée, il s'isole. Une fois seul, il regrette de s'être emporté contre les siens, mais il ne peut s'empêcher de ruminer sa colère contre le collègue qui a dit ceci ou cela et de préparer sa réponse pour le lendemain. Il a du mal à tenir en place, se lève, fait les cent pas, se rassoit, se relève. Finalement, il décide d'aller « se défoncer » en allant faire une heure de jogging. De retour à la maison, il est vidé et se couche. Il s'endort immédiatement et dort à poings fermés. Vers deux heures du matin, il est brusquement réveillé par un rêve très réaliste où il se voit en train d'envoyer promener son collègue de travail, répétition presque parfaite de ce qu'il avait ruminé durant la soirée. Au réveil, il est toujours aussi en colère. Il l'est même davantage parce que, au cours de ses ruminations, différents accrochages avec ce même individu lui sont revenus en mémoire et alimentent sa soif de vengeance.

Monsieur Timoré

Un troisième individu, Monsieur Timoré, ressent, pendant la réunion, un mélange de colère, de peur, de déception et de tristesse. Il ne parvient pas à exprimer quoi que ce soit, car il se sent submergé par ce qui se passe en lui. Il est conscient d'être affecté, a même les larmes aux yeux à un moment donné, mais c'est le brouillard dans sa tête et il n'arrive pas à avoir les idées claires. Il ne parvient pas non plus à se faire une opinion, ni à savoir ce qu'il pense des arguments des uns et des autres. La peur paralyse aussi bien son action que sa pensée. Il en a peut-être une vague idée, mais sans plus. Une fois chez lui, il raconte l'événement à sa femme avec beaucoup d'émotivité et d'anxiété. Durant la soirée, il repense à ce qui s'est passé, fait défiler dans sa tête les interventions de l'un et de l'autre, extrapole déjà à propos des conséquences épouvantables que pourrait avoir ce conflit sur le climat de travail. Un détail de la scène lui revient constamment en mémoire : le regard que le chef de service lui a lancé durant la discussion. Il se demande si ce dernier le croit responsable du mauvais climat qui règne actuellement au sein de l'équipe. Dans sa tête, il lui parle, cherche à se justifier, insiste pour dire qu'il n'a rien fait pour envenimer la situation, qu'il n'était même pas au courant de ceci ou de cela, etc. Plus les heures passent, plus il se convainc que tout le monde le tient pour responsable de ce qu'il a fait ou n'a pas fait, dit ou pas dit. Il se met à craindre la sanction, voire le renvoi, même s'il essaie de se raisonner en se répétant qu'« on ne met pas quelqu'un à la porte comme ça » et qu'« il faut des motifs sérieux pour cela ». Il se surprend à détester celui qui a déclenché la discussion et à penser qu'il ne devrait pas être toléré dans l'équipe, mais il se reproche aussitôt de penser ainsi. Il est angoissé à l'idée de retourner au travail le lendemain et de rencontrer cette personne dans un corridor. Il se couche tard et a de la difficulté à s'endormir. Vers trois heures du matin, il se décide à prendre un calmant. Il s'endort enfin, mais un cauchemar le réveille brusquement. Dans son rêve, un ancien patron le pointe du doigt et lui reproche une peccadille. Il cherche à se défendre, mais ne réussit qu'à envenimer la situation et à se faire congédier. Après ce rêve, ses inquiétudes le reprennent de plus belle et il passe le reste de la nuit éveillé. Il a beau penser de nouveau à l'incident, il n'arrive pas à prendre du recul et à trouver une façon de calmer son anxiété. La culpabilité et l'angoisse le submergent et entravent l'efficacité de sa pensée.

Monsieur La Sagesse

Un quatrième individu, Monsieur La Sagesse, exprime immédiatement son désaccord et sa colère durant la réunion, mais sans perdre le contrôle de lui-même ni tomber dans des reproches hors de proportion. De peur que, sous le coup de la colère, lui ou l'un de ses collègues n'en vienne à dire des paroles qui ne feraient qu'envenimer les choses, il propose au groupe d'en rester là pour le moment et de se donner du temps pour décanter les émotions. Il demande au chef d'équipe s'il peut convoquer une autre réunion dans quelques jours afin de reprendre la discussion à tête reposée. Une fois chez lui, il raconte l'incident à son épouse. En parlant avec elle, il pense tout à coup à quelque chose qui pourrait expliquer la colère d'un des membres de l'équipe, quelque chose qui n'a pas été mentionné pendant la discussion. Il sent que ce conflit l'a remué plus qu'il ne le croit, car il a du mal à ne pas y penser. Il éprouve le besoin de se changer les idées et d'y revenir un peu plus tard. Il termine son repas et décide d'aller faire une activité physique pour se détendre et se distraire. Il sait par expérience qu'il ne sert à rien de s'acharner à ruminer à propos d'une situation quand on est trop fatigué, et qu'une activité sportive et une bonne nuit de repos ont toujours un effet bénéfique. Il a l'habitude de se dire: «Dépose le tout dans ta mijoteuse (que d'autres appellent le subconscient...). La nuit et le temps portent conseil, demain tu y verras plus clair.» Il appelle donc un ami et va faire une partie de tennis qui l'aide à se détendre. Il a finalement réussi à oublier le bureau en ayant une bonne discussion avec son ami sur un tout autre sujet, ce qui le rend heureux.

De retour chez lui, il prend une douche, se met au lit, mais ne trouve pas tout de suite le sommeil parce qu'il sent monter en lui une vague tristesse et un sentiment d'échec qu'il s'explique mal. Au lieu de chasser ces émotions, il les laisse s'installer en lui et s'y abandonne sans chercher à comprendre intellectuellement. Il finit par s'endormir et, durant la nuit, il rêve d'une situation complètement farfelue dans laquelle il se trouve en difficulté. Il doit traverser plusieurs obstacles, rencontre des gens qui ont aussi des problèmes, veut les aider mais n'y parvient pas. Il constate son impuissance à soulager leurs malheurs et à trouver des solutions et en ressent une grande tristesse. Parmi les personnes souffrantes, il reconnaît un ancien professeur du secondaire et son frère décédé il y a trois ans.

Malgré le malaise qui s'en dégage, son rêve se termine bien, car il parvient à en traverser tous les obstacles et à trouver une solution acceptable. Au réveil, il pense à ce professeur qu'il n'a pas revu depuis bien des années et à son frère qui lui manque. Il se rend compte des similitudes entre ceux-ci et son collègue de travail. Il se rappelle un événement passé qui lui avait fait vivre des émotions semblables à celles qu'il a ressenties durant la discussion de la veille, qui impliquait aussi son frère. Sans vraiment avoir ni tout compris du rêve ni trouvé une solution au conflit de travail, il se sent plus calme et a le sentiment d'y voir un peu plus clair. Il songe déjà à la façon d'aborder le conflit à la prochaine réunion. Heureusement, il sait qu'il dispose encore d'un peu de temps pour que la lumière continue à se faire un chemin en lui. Il est plus détendu et arrive au travail de bonne humeur, malgré le climat difficile qui l'attend.

Les boîtes à outils de nos quatre personnages

Monsieur Roger Bontemps : pas de pensée, peu de comportement...

M. Roger Bontemps, même si la situation conflictuelle a sans aucun doute déclenché en lui les réactions physiologiques du stress (celles-ci sont inévitables parce qu'elles sont réflexes, et la plupart inconscientes), dit ne pas être affecté par la situation. Pourtant, son malaise n'échappe pas à son entourage. Cela dit, lorsqu'il prétend être au-dessus de ces enfantillages, il faut bien comprendre qu'il ne ment pas. Un mécanisme qui étouffe ses émotions opère en lui à son insu. Si l'on insiste avec doigté pour lui dire qu'il ne peut pas ne pas avoir été touché, il admettra peut-être avoir ressenti un certain malaise, mais en niera l'intensité. Il ne pourra certainement pas nommer l'émotion qui l'habite, car il a étouffé celle-ci dès qu'elle a surgi.

Pourtant, la tension physique est là, bien visible pour un observateur extérieur : petit rire nerveux, rapidité à quitter le bureau, façon expéditive et maladroite de saluer ses collègues. Lui-même sent cette tension, mais ses principes rigides lui interdisent de s'emporter et encore plus d'agir, ce qui lui permettrait en partie de l'évacuer. Au contraire, il étouffe son rire, se retient de parler et reste apparemment calme. Mais on voit que rien de tout cela n'est efficace puisqu'il est incapable de se détendre et doit se concentrer sur son travail durant la soirée pour éviter de penser et de ressentir quoi que ce soit vis-à-vis de la situation. La tension physique n'a pas pu trouver de voie de décharge parce que le comportement a été contenu et que la pensée a été court-circuitée du fait que l'émotion ne pouvait accéder à la conscience. Le corps reste donc seul à encaisser le coup. La hausse de sa tension artérielle pendant la soirée et les troubles digestifs durant les jours qui ont suivi en témoignent.

Monsieur Presto : agir impulsif, pensée inefficace

M. Presto, à la différence de M. Roger Bontemps, ressent sa colère, mais, incapable de contenir son émotion, il doit décharger immédiatement la tension qu'elle génère en lui et qui lui devient insupportable. L'impulsivité lui fait donner un coup de poing sur la table, lancer un juron et quitter brusquement la salle de réunion. Tout cela se fait très rapidement, de façon quasi réflexe. Sans le concevoir clairement en pensée, il sent qu'il perd le contrôle de sa colère, et la crainte plus ou moins consciente qu'il pourrait avoir des gestes qu'il regretterait le pousse à fuir. Mais une fois qu'il s'est soustrait à la situation de danger, celle-ci continue de le hanter. Il en parle à sa femme, se montre de nouveau incapable de contenir sa colère et la déverse sans discernement. Il s'isole et, une fois seul, regrette ses actes, car il sait que ses proches ne méritent pas ce traitement. Pour protéger ces derniers, il évite de les voir, mais, dans son isolement, il rumine ses pensées qui s'affolent et alimentent sa colère. La tension ne parvient pas à baisser et il ne tient plus en place. Il va courir jusqu'à ce qu'il se sente calmé parce que vidé.

Cet agir impulsif n'a cependant qu'un effet temporaire sur la baisse de sa tension, et la pensée du rêve ramène la situation conflictuelle sans y avoir rien changé. S'il est plus conscient de sa colère que son collègue M. Roger Bontemps, il ne parvient pas plus que lui à réfléchir de façon efficace à partir d'elle parce qu'il est incapable de contenir son émotion suffisamment longtemps pour permettre à ses pensées de s'élaborer. Celles-ci s'enlisent dans une rumination qui ne le mène nulle part. Cette incapacité de penser son expérience affective au-delà de la présente situation conflictuelle l'empêche de trouver une façon créatrice de mieux composer avec elle. Il demeure prisonnier d'une perception immédiate et, comme il n'a que l'agir pour évacuer sa tension, il y recourt avec excès lorsque celle-ci est trop forte, ce qui pourrait mettre sa santé en danger.

Monsieur Timoré : travail de la pensée actif mais entravé par des automatismes

M. Timoré est conscient de ressentir toute une gamme d'émotions variées telles que la peur, la tristesse, la déception, la culpabilité, et non pas uniquement de la colère comme c'était le cas de M. Presto. Par contre, ses émotions le submergent au point qu'il s'en trouve paralysé et se montre incapable de penser pendant la réunion. Après coup, il essaie de réfléchir, mais ses pensées s'enlisent dans l'angoisse au lieu de l'aider à voir plus clair, elles intensifient son malaise et ses craintes du rejet de façon exagérée par rapport à la situation réelle.

Durant la nuit, la pensée du rêve déforme la réalité, signe que la créativité est à l'œuvre et cherche à associer ce qui est arrivé avec des expériences déjà vécues. Malheureusement, l'angoisse, trop forte, fait échouer le rêve. M. Timoré se réveille avant la fin et retombe dans des pensées chargées d'angoisse. Contrairement aux deux autres protagonistes, sa pensée créatrice est en action, mais elle demeure prisonnière d'émotions envahissantes étrangères à la situation actuelle et ne parvient pas à le faire sortir du cercle vicieux. L'intensité disproportionnée des émotions et les pensées persécutrices qui le hantent, parce qu'elles sont inappropriées vis-à-vis de la réalité présente, relèvent probablement d'expériences passées mémorisées inconsciemment, ce que Laborit appelle des automatismes, que le conflit de la veille a réveillées. Mais une foule de mécanismes de défense empêchent sa pensée de se les remémorer et de faire le travail de comparaison qui lui permettrait de réagir de façon plus adaptée. M. Timoré sait pourtant que l'intensité de sa réaction est inappropriée dans la situation actuelle, mais il ne parvient pas à s'en dégager. M. Timoré aurait sans doute besoin d'aide pour enlever « les branches tombées dans le ruisseau de sa pensée » et qui en obstruent le cours normal.

Monsieur La Sagesse : action conjointe et efficace des comportements et du travail de la pensée

M. La Sagesse identifie rapidement l'émotion qu'il ressent pendant la réunion : la colère. Cependant, à l'inverse de M. Presto et de M. Timoré, celle-ci ne paralyse pas sa capacité d'analyser ce qui se passe en lui et dans le groupe. Au contraire, elle lui sert d'indice pour adopter l'attitude la plus adaptée en la circonstance, c'est-à-dire demander qu'on mette fin à la réunion et qu'on la reporte à plus tard afin d'éviter que la colère pousse l'un des collègues à avoir des gestes ou à tenir des propos qui envenimeraient la situation. Il contient sa colère afin de se laisser du temps pour penser à tête reposée.

Alors que M. Roger Bontemps ne ressentait pas sa colère, que M. Presto la ressentait mais était incapable de la contenir, et que M. Timoré s'en défendait en la retournant contre lui à cause d'une culpabilité écrasante, M. La Sagesse la ressent, ne s'en défend pas et parvient à la contenir le temps nécessaire pour laisser à sa pensée la possibilité de faire son travail. Lorsqu'il décide d'aller jouer au tennis, il n'évacue pas son émotion comme le fait M. Presto en s'épuisant dans son jogging, il ne cherche qu'à en diminuer l'intensité afin de pouvoir mieux réfléchir par la suite. Hors du feu de l'action, une fois la tension interne abaissée, il peut prendre du recul et laisser le travail de la pensée se poursuivre. Contrairement à MM. Presto et Timoré, ses pensées ne sont pas esclaves de ses émotions. Grâce au rêve et aux liens que celui-ci lui permet de faire, elles l'aident à identifier que, même si la situation au travail en est en partie responsable, l'intensité de ses émotions provient d'associations qui se sont faites à son insu dans son inconscient. Cela lui permet de relativiser la situation actuelle et de calmer suffisamment son émotion pour voir plus clair et de ne pas confondre la réalité actuelle avec ses expériences passées. Autrement dit, sa pensée a réussi à tenir compte de ce qu'il ressent, mais à s'en distancier suffisamment pour qu'il soit capable de voir les différences et d'entendre le point de vue des autres sans se sentir menacé. Il peut donc mieux composer avec la situation conflictuelle.

La comparaison entre les quatre stratégies d'adaptation

Les quatre individus dont nous venons d'analyser les façons de réagir à un facteur de stress cherchent tous une façon de s'adapter à la situation et de composer avec la tension interne déclenchée par l'événement. On voit cependant que leurs stratégies d'adaptation ont des niveaux d'efficacité bien différents. La moins adaptée est sans doute celle de M. Roger Bontemps puisqu'elle ne tient pas compte des émotions. Celles-ci pourraient au moins lui servir d'indice, de signal d'alarme propre à le guider dans son comportement. Parce qu'il les étouffe, il ne peut consciemment décider d'agir pour faire baisser sa tension interne, par une activité physique par exemple. Il peut encore moins les penser, les traduire en images, ce qui lui permettrait de comparer cette situation à d'autres qu'il a antérieurement vécues afin de profiter de son expérience passée. Il ne lui reste qu'à s'oublier dans son travail, sucer des bonbons et agiter sa jambe spasmodiquement pour évacuer sa tension, ce qui se révèle fort peu efficace. À la longue, la tension s'accumule et prépare un nid dans lequel pourra se développer la maladie. Peut-être son hypertension artérielle vient-elle de là ?

La deuxième stratégie, celle de M. Presto, a l'avantage de fournir à l'individu une aide précieuse : elle lui permet d'identifier sa violente colère, l'aidant ainsi à réagir. Malheureusement, il ne parvient pas à contenir celle-ci suffisamment pour que sa pensée ait le temps de s'élaborer en lui. Il est donc condamné à donner libre cours à sa colère de façon impulsive et, comme il s'agit d'un individu intelligent et civilisé, conscient des conséquences néfastes d'un agir colérique non maîtrisé, il a recours à la fuite pour résoudre la situation problématique. Placé dans une situation qu'il ne pourrait fuir, il verrait augmenter ses risques de passages à l'acte violents. Si, en plus, il était temporairement empêché d'agir, par exemple si, à la suite d'un accident de moto, il se retrouvait immobilisé dans un lit, il n'aurait plus beaucoup d'issues pour évacuer ses tensions internes. Comme M. Roger Bontemps, il serait en situation de fragilité, ce qui augmenterait ses risques de développer une maladie.

Seules les deux dernières réactions, soit celles de M. Timoré et de M. La Sagesse, font intervenir le processus de pensée dans la recherche d'une solution plus adaptée. Pourtant, M. Timoré échoue là où M. La Sagesse réussit, et il reste aux prises avec une tension interne qui ne parvient pas à se canaliser. Si la situation conflictuelle au travail se prolonge, les risques de le voir sombrer dans la dépression, et peut-être même dans la maladie, seront bien réels. Entre les deux, la pensée de M. La Sagesse est de loin la plus efficace. Cela ne signifie pas que ce dernier soit à l'abri d'une trop grande accumulation de tension interne, et donc, par conséquent, d'une maladie éventuelle, mais la nature de son fonctionnement mental lui donne de meilleurs outils pour prévenir celle-ci. Pourquoi parvient-il mieux que M. Timoré à utiliser sa pensée de façon créatrice ? Peut-être a-t-il appris à avoir moins peur de ses pensées et de ses émotions négatives que ce dernier qui se les reproche et s'en défend en tentant de les nier.

Les différences entre les quatre modes de réaction, illustrées par ces exemples, traduisent la subjectivité de chacun, c'est-à-dire la façon très personnelle qu'a chacun de nous d'appréhender les situations. Cette subjectivité est héritée de notre propre histoire et s'exprime par un mode de fonctionnement mental particulier.

EN GUISE DE CONCLUSION

Tant Selye que Laborit attribuent, dans le développement des maladies, une part importante aux émotions qui ne parviennent pas à trouver d'issue favorable. Quant à l'influence de la pensée sur la santé du corps ou sur le déclenchement de la maladie, Selye n'en touche pas mot. Laborit, pour sa part, souligne le rôle important que peut jouer l'imaginaire dans l'adaptation de l'individu à son environnement, et donc dans la prévention de la maladie. Il rappelle aussi que cet imaginaire peut se trouver hors de fonction et faillir à sa tâche lorsque les automatismes mémorisés prennent le dessus. Dans ces cas, la pensée est inopérante et n'aide plus l'individu à se prémunir contre un état d'inhibition de l'action.

Pourquoi la pensée présente-t-elle autant de force et de potentiel, et éprouve-t-elle en même temps autant de difficulté à fonctionner de façon efficace ? Pourquoi se laisse-t-elle détrôner par les automatismes mémorisés inconsciemment ? Pour que le néocortex soit en mesure de bien utiliser sa capacité imaginaire, il doit tenir compte de toutes les informations qui lui viennent des niveaux inférieurs, ainsi que des pensées irrationnelles et des émotions disproportionnées ou inadéquates par rapport à la situation actuelle qui ont été mémorisées dans l'inconscient. Par conséquent, si la personne s'efforce de chasser ces pensées ou ces émotions parce qu'elle les trouve gênantes, le néocortex est privé d'éléments précieux pour effectuer son travail de comparaison entre la situation présente et les événements passés.

6
La pensée et l'imaginaire

... ce n'est pas une mince affaire que de demeurer fidèle à sa plus profonde vérité, si redoutable soit-elle, de lui livrer passage et de lui donner forme.

ANNE HÉBERT,
« Poésie, solitude rompue », *Œuvres poétiques*

La pensée est cette merveilleuse fonction par laquelle nous pouvons évoquer un événement en son absence, anticiper ses conséquences avant qu'il se produise, dépasser les limites du temps et de l'espace. Grâce à elle, nous avons aussi le pouvoir d'imaginer des situations qui n'ont jamais existé, d'inventer des solutions nouvelles et de créer. La pensée est l'outil le plus raffiné dont nous disposons pour faire face à l'angoisse. Pour cette raison, elle peut se révéler d'une grande utilité dans le maintien de la santé. Comment naissent les pensées en nous ? Comment s'élaborent-elles ? Par quel moyen peuvent-elles nous aider à faire face à l'angoisse et nous permettre d'inventer et de créer ? Comment peut-on expliquer les ratés fréquents de la capacité de penser alors que la machine qui la produit, le cerveau, est si complexe et si perfectionnée ? Je vous propose de me suivre dans l'univers fascinant des théories psychanalytiques de la pensée et de l'imaginaire.

DU CORPS À LA PENSÉE

Les quatre exemples présentés dans le chapitre précédent montrent que l'être humain ne répond pas nécessairement et automatiquement par des activités mentales bien organisées aux situations affectives qu'il vit. Pour qu'une stimulation produise une pensée, il faut que certaines étapes soient traversées.

Première étape : la perception d'un phénomène physiologique

Lorsqu'un événement extérieur, le conflit au travail dans notre exemple, vient solliciter en nous nos pulsions, agressives dans l'exemple en question, des réactions physiologiques sont immédiatement déclenchées. Certaines sont perçues par l'individu : l'accélération du rythme cardiaque et de la respiration, l'augmentation de la température corporelle (bouffées de chaleur), l'hypersudation, notamment. D'autres ne le sont pas : la sécrétion d'adrénaline et les réactions chimiques impliquées dans la transmission des neurones (libération des neurotransmetteurs).

Pour que la pensée advienne, il faut que ces réactions physiologiques soient perçues par la conscience, du moins celles qui peuvent l'être. La première étape de la pensée réside donc dans la perception du phénomène physiologique se produisant dans notre corps. Dans notre exemple, les quatre individus ont perçu ces modifications physiologiques. Malheureusement pour lui, M. Roger Bontemps s'est empressé de chasser loin de lui cette perception, ce qui l'a empêché de passer à l'étape suivante. Les trois autres y sont restés attentifs, ce qui a permis à la pensée de se former. Mais pour que celle-ci se développe effectivement, il faut une deuxième étape.

Deuxième étape : l'identification de l'émotion

La perception des modifications somatiques par l'individu, à la condition qu'il ne s'empresse pas de la chasser, lui permet d'interpréter celles-ci comme étant la manifestation d'une émotion. C'est ce qu'ont fait MM. Presto, Timoré et La Sagesse. L'identification de l'émotion constitue la deuxième étape pour qu'une pensée puisse advenir.

Certaines personnes ne parviennent pas à trouver les bons mots pour exprimer leurs émotions. Souvent, elles ne peuvent reconnaître que la présence d'un vague malaise physique. Pour elles, toutes les émotions sont plus ou moins confondues et se résument à ce malaise imprécis. Incapables d'identifier celles-ci, ces personnes n'en sont que plus mal à l'aise. Devant l'importance de l'inconfort ressenti, elles s'empressent de chasser la sensation désagréable de leur conscience. C'est ce qu'a fait M. Roger Bontemps.

Identifier l'émotion est une chose, nommer les nuances des sentiments qui peuvent y être liés en est une autre. Devant une émotion agressive, par exemple, préciser s'il s'agit d'un sentiment de colère, d'amertume, de rage ou de rancœur demande que l'on s'y attarde un moment. Certains individus sont capables d'identifier quelques grandes émotions : amour, colère, peine, peur, mais apporter des nuances à celles-ci en précisant de quel sentiment il s'agit leur est impossible. La tristesse, la nostalgie, la déception, la mélancolie sont toutes assimilées à la peine. De même la colère, la rage, la rancœur, l'amertume se confondent en une seule émotion, l'agressivité. C'est le cas de M. Presto. Il se sait en colère, peut éprouver du regret, mais préciser davantage son état d'âme lui est impossible. M. Timoré et M. La Sagesse sont plus habiles à identifier les différents sentiments qui les animent. Préciser les nuances des sentiments est en grande partie une question d'apprentissage. Un individu élevé par des parents eux-mêmes capables de le faire développera cette capacité très jeune. Cela dit, quelqu'un n'ayant pas fait cet apprentissage peut s'y entraîner en prêtant attention à ses émotions, en tolérant leur présence en lui, en les laissant se déployer et en restant à leur écoute. Ce temps d'arrêt permet d'en préciser la nature.

Mieux saisir les nuances des sentiments aide aussi au développement des pensées. Pour différencier les sentiments les uns des autres, il faut en effet être capable de les comparer, de les penser et de les nommer. Or, cela demande de contenir l'émotion pendant un certain temps. M. Presto est incapable de le faire et doit évacuer rapidement la tension que celle-ci soulève en lui par une décharge motrice : donner un coup de poing sur la table, claquer la porte, aller courir au point de s'épuiser. En agissant de la sorte, il ne donne aucune chance à sa pensée de s'élaborer. L'agir impulsif et la décharge motrice sont les antithèses de la pensée.

M. Timoré parvient à mieux contenir ses émotions, mais la colère lui est intolérable parce qu'il s'en sent coupable. Il ne l'évacue pourtant pas comme M. Presto et ne l'étouffe pas non plus comme M. Roger Bontemps. Au contraire, il la conserve en lui, mais il la refoule dans son inconscient. Une émotion refoulée n'est plus disponible pour la conscience, mais elle est tout de même conservée dans le psychisme, dans l'inconscient. L'émotion principale qui pourrait aider M. Timoré à penser, c'est-à-dire sa colère, n'étant plus disponible pour sa conscience, d'autres émotions qui gravitent autour d'elle vont mobiliser son attention : peur, culpabilité, tristesse, déception. Le travail de sa pensée s'en trouve perturbé et ne peut se faire de façon efficace parce qu'il ne reconnaît plus l'émotion qui pourrait le guider.

M. La Sagesse est celui qui tolère le mieux la présence de tous les sentiments, y compris ceux qui le mettent mal à l'aise, soit la colère et la tristesse. Sa pensée a alors tout le temps nécessaire pour s'élaborer.

Troisième étape : la pensée proprement dite

L'identification de l'émotion, et particulièrement de ses nuances, constitue la condition de base pour qu'une pensée s'élabore. Lorsque l'émotion est contenue et bien identifiée, une pensée peut apparaître. Comme la personne a déjà ressenti des émotions semblables par le passé, celles-ci ont pu, de la même façon, donner naissance à d'autres pensées qui sont conservées quelque part dans son préconscient et son inconscient — souvenez-vous : la mémoire affective est la plus préservée contre l'oubli, et ce qui est inconscient n'est oublié qu'en apparence. La pensée consciente actuelle peut donc aller les rechercher et s'y associer pour amorcer un travail de comparaison. Si l'émotion est mal identifiée, comme dans le cas de M. Timoré qui refoule son agressivité et s'accroche à une émotion parallèle, une pensée consciente va se développer, mais comme elle est couplée à la mauvaise émotion, elle aura du mal à faire son travail de comparaison puisque c'est avec des émotions semblables à celle ressentie au présent que cette comparaison se fait. La pensée nouvelle va donc chercher au mauvais endroit ou, pire, ne saura pas où donner de la tête. On se souvient comment les pensées de M. Timoré s'affolaient et comment son travail de réflexion tournait en rond. Je reviendrai plus loin sur ce travail de comparaison de la pensée. On peut donc définir la pensée comme étant *l'élaboration psychique, consciente ou inconsciente, d'une modification physiologique perçue et identifiée en tant que correspondant à une émotion spécifique.* Schématisons ce processus.

Les étapes de développement d'une pensée

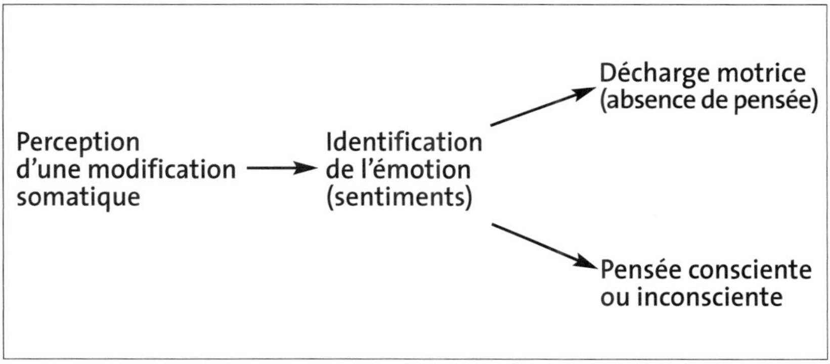

Les pensées ont pour fonction d'interpréter la réaction somatique en l'imageant, autrement dit en la représentant par des images ou des mots. Par exemple, lorsque M. Timoré se met à craindre d'être blâmé et même congédié, il se représente en images la peur, la culpabilité et la colère qu'il ressent. C'est pourquoi on appelle ces pensées qui traduisent des réactions physiques des *représentations mentales.*

DES IMAGES POUR DES RÉACTIONS CORPORELLES

Une *représentation* est une pensée qui tente, à l'aide d'une image, de représenter un vécu corporel, ou une émotion, associé à une pulsion. Les représentations peuvent être conscientes, préconscientes ou inconscientes. La représentation *consciente* est celle à laquelle j'ai accès actuellement, directement et facilement, sans avoir à faire d'effort pour me la remémorer.

Une représentation *préconsciente* ne m'est pas accessible présentement, mais je peux la retrouver soit par un effort volontaire, soit simplement en étant attentif aux pensées qui défilent dans ma tête les unes à la suite des autres, en laissant celles-ci s'enchaîner librement sans faire d'effort pour les diriger. Par exemple, au moment où j'écris ces lignes, je n'ai pas à la conscience le souvenir de la scène dans laquelle je joue parmi les feuilles mortes avec mes neveux. Mais il se peut que je sois distraite par des cris d'enfants s'amusant dehors et que, pour voir ce qui se passe, je dirige mon regard vers la fenêtre et qu'alors la lumière du moment, la couleur des feuilles et le jeu des enfants fassent tout à coup resurgir ce souvenir. Une foule de pensées de cette nature sont entreposées dans le préconscient. À tout moment, elles peuvent surgir dans la conscience et nous surprendre. Nous nous disons alors : « Ah ! mais oui, c'est vrai, j'avais oublié. » En vérité, nous ne les avions oubliées que pour la conscience parce que, si elles peuvent ainsi resurgir, c'est qu'elles sont conservées dans notre mémoire. Les représentations préconscientes sont le plus souvent ramenées à la conscience par une perception sensorielle ou par la répétition d'une situation semblable à celle qui les avait déclenchées la première fois. Par exemple, vous parlez avec un ami de quelque chose qui lui est arrivé hier et, en parlant, voilà que vous revient en tête une situation semblable que vous-même avez vécue quelques années auparavant. Ou encore, vous vous promenez dans les allées d'un supermarché et soudain, en passant devant un étalage de céréales, vous apercevez la boîte de celles que vous mangiez enfant. Celle-ci vous rappelle votre frère qui aimait vous taquiner en cachant la boîte de céréales le matin et vous vous dites qu'il y a longtemps que vous ne l'avez pas invité lui et sa famille. Si nous ne nous attardons pas à cette représentation, elle disparaîtra de nouveau, aussi vite qu'elle est apparue, retournant là d'où elle vient, c'est-à-dire dans le préconscient. Heureusement que ce réservoir préconscient existe, car il nous serait impossible de vivre si toutes les pensées enregistrées par notre mémoire étaient toujours présentes en même temps à notre conscience. Les multiples représentations préconscientes accumulées tout au long de notre vie se déplacent et s'associent entre elles constamment, contribuant ainsi au travail de l'imaginaire. Le préconscient est une véritable mine d'or, qui puise en lui-même pour effectuer son œuvre créatrice.

Les pensées *inconscientes* ne nous sont pas directement accessibles, ni immédiatement, ni par un effort de volonté, ni même quand nous laissons notre esprit errer librement, parce qu'une censure empêche leur retour à la conscience. Ces représentations ont pourtant déjà été conscientes, mais elles ont été condamnées et reléguées dans l'inconscient. Oubliées pour la conscience, elles sont toutefois toujours présentes dans le psychisme et actives dans le travail de l'imaginaire. Même si elles ont été censurées, elles continuent de s'associer à des pensées préconscientes et conscientes. Parce qu'elles découlent souvent d'expériences affectives infantiles importantes, elles servent même de références principales aux pensées qui naîtront par la suite. En effet, la mémoire affective va toujours puiser ces pensées déterminantes dans le réservoir de l'inconscient pour comparer les nouvelles expériences aux anciennes. Si nous ne pouvons pas les retrouver aussi facilement que les représentations préconscientes, nous pouvons toutefois en concevoir l'existence en faisant un travail d'auto-observation étroite sur la façon dont nos pensées conscientes et préconscientes s'associent et sur ce qu'elles soulèvent comme émotion. Ce travail d'introspection peut nous conduire à une *prise de conscience*.

Représentation de chose, représentation de mot

La représentation est toujours constituée d'une *image* qui cherche à traduire la sensation corporelle ou émotive. L'image peut être uniquement associée à des sensations visuelles, auditives ou kinesthésiques (sensations de mouvement), sans être reliée à des mots. Dans ce cas, on parlera d'une représentation de chose. Celle-ci caractérise la pensée inconsciente pure. Elle se manifeste dans les rêves quand des images surgissent sans que la pensée du rêve explique leur présence. Il peut s'agir d'images visuelles : les cheveux blancs d'un personnage non identifiable, une plante verte avec des bras et des yeux, un manteau rouge que l'on ne reconnaît pas ; d'images acoustiques : les sons ou les bruits que l'on entend en rêve ; d'images kinesthésiques : la sensation de tomber ou celle de voler, par exemple. Lorsque ces images surgissent dans un rêve, elles laissent toujours un sentiment d'étrangeté, car ce sont elles qui donnent au rêve son caractère insolite. Les représentations de choses sont en fait des formes de pensée très primaires qui cherchent à représenter concrètement une sensation ou une émotion sans utiliser de mots.

L'image peut aussi être associée à des mots. On parlera alors de représentation de mot. Ce type de représentation nous est plus familier, car c'est la forme que prennent les pensées conscientes et préconscientes. En effet, lorsque nous avons conscience de penser, notre idée se formule dans notre tête le plus souvent sous la forme de mots accompagnés d'images.

Représentations de choses et représentations de mots entretiennent des liens entre elles. Une représentation de mot s'associe toujours et nécessairement à une représentation de chose puisque, dans la genèse de la pensée, c'est d'abord la représentation de chose qui se développe. Lorsque l'enfant atteint l'âge où il devient capable d'utiliser le langage, le mot vient traduire l'image de la représentation de chose. L'enfant qui ne possède pas encore le langage a déjà des représentations de choses enregistrées dans sa mémoire puisque celle-ci est à l'œuvre dès avant la naissance. Les représentations de mots ne s'ajouteront que lorsqu'il atteindra l'âge de la parole.

La prise de conscience

Mais si une représentation de mot contient toujours une représentation de chose puisqu'elle essaie de traduire l'image en mots, l'inverse n'est pas vrai : une représentation de chose peut exister sans être mise en mots. Dans ce cas, la pensée est purement inconsciente. La traduction d'une représentation de chose en représentation de mot constitue le processus de prise de conscience.

Une représentation de chose non associée à une représentation de mot peut apparaître dans un rêve. Elle peut prendre différentes formes, par exemple celles d'un flash lumineux, d'une caresse, d'un bruit ou d'un mouvement. Les rêves foisonnent de ce type de représentations de nature visuelle, tactile, auditive ou kinesthésique. Par le travail d'association à partir de l'image du rêve, nous pouvons parvenir à traduire celle-ci en mots en y associant d'abord une émotion, puis en liant cette émotion à une pensée, à un souvenir ou à autre chose. Par exemple, si M. Timoré s'attardait à l'image du doigt pointé de son rêve pour voir quelle émotion elle suscite en lui, il pourrait dire que ce doigt éveille de la peur, que devant lui, il se sent petit et impuissant, à la merci d'un plus fort que lui. L'évocation de ce sentiment complexe, mélange de peur, de petitesse et d'impuissance, peut ramener à sa mémoire le souvenir d'un professeur qu'il craignait particulièrement. Ce souvenir, s'il continue à s'y attarder et à en parler, peut en évoquer un autre, celui du jour où, ayant été puni par ce professeur, il a été disputé par sa mère qui, le doigt pointé vers lui, l'a menacé de le placer en pension. L'image énigmatique de son rêve lui apparaîtra alors pleine de sens. Il pourra, du coup, comprendre que sa crainte d'être congédié n'a pas sa place dans la réalité actuelle puisqu'elle découle d'une peur infantile.

Il faut bien comprendre que la prise de conscience ne peut être efficace que si le travail d'interprétation du rêve, ou n'importe quel travail d'introspection, ramène l'émotion ayant donné naissance à la représentation de chose. Une simple traduction symbolique, comme on peut en lire dans les dictionnaires d'interprétation des rêves, ne mène pas à une prise de conscience ressentie profondément comme vraie pour la subjectivité. Cette traduction demeure un jeu de l'intellect dépourvu d'effet. Pour qu'une prise de conscience provoque un changement intérieur dans notre façon de voir et de ressentir une situation, il faut qu'elle découle d'un travail de la pensée sur ce qui est ressenti sur le plan affectif.

L'activité de représentation

On appelle activité de représentation le travail que notre esprit effectue pour traduire en pensée ce qui est ressenti sur le plan des émotions. Par cette activité, le psychisme transforme une réaction physiologique, donc matérielle, telle qu'une sécrétion d'hormone, ou une réaction corporelle, comme l'augmentation du rythme cardiaque, en un élément psychique, donc immatériel, c'est-à-dire une pensée. Pour faire image, nous pourrions comparer le travail du psychisme à celui du métabolisme cellulaire sur le plan corporel. Biologiquement, nous ingérons des aliments que la digestion fragmente en divers matériaux : molécules de glucose, protéines, lipides, etc. La cellule effectue un travail de sélection parmi tous les matériaux qui se présentent à elle. Elle rejette ce dont elle n'a pas besoin et intègre ce qui lui est utile en effectuant des transformations sur les matériaux qu'elle retient afin de les rendre conformes à ce dont elle est elle-même constituée. C'est ce que l'on appelle le métabolisme. L'activité de représentation est en quelque sorte le pendant, sur le plan psychique, du métabolisme maintenu en activité par la cellule. Elle a pour but de « digérer » un élément d'information, soit une réaction physiologique, qui se présente au psychisme sous une forme inutilisable parce que matérielle, donc trop différente, en le transformant en un élément qu'il peut utiliser, une pensée ou, plus précisément, une représentation.

L'ACTIVITÉ DE REPRÉSENTATION

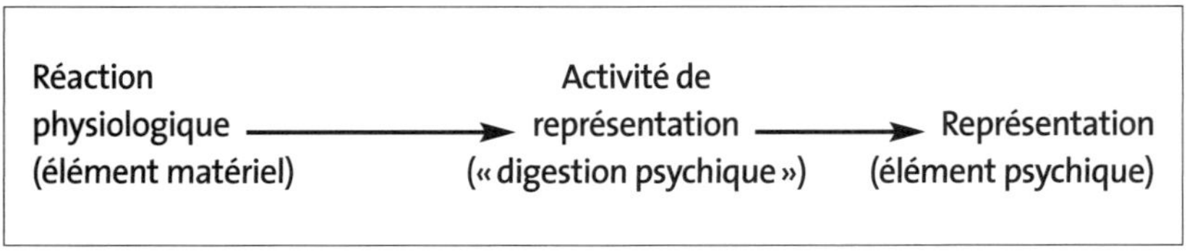

PSYCHISME, INTELLIGENCE ET VIE AFFECTIVE

Pour la théorie psychanalytique, l'esprit est *le lieu où s'effectue l'activité de représentation*, c'est-à-dire la traduction en pensées (représentations) de tout ce qui peut se produire matériellement et émotionnellement dans le corps. Elle désigne ce lieu par le terme de *psychisme.*

Le psychisme ne doit pas être confondu avec l'intelligence ni avec la vie affective. La vie affective peut se limiter aux seules manifestations physiologiques sans que celles-ci soient appréhendées par la conscience. M. Roger Bontemps a eu toutes les réactions physiologiques accompagnant l'émotion de colère sans pour autant ressentir sa colère. On parle alors non pas d'émotion, mais d'*affect.* L'affect est une réaction physiologique sans participation du psychisme. L'affect peut aussi être ressenti consciemment et donner lieu à une émotion, mais sans que celle-ci s'élabore vraiment en pensée. M. Presto ressent bien sa colère, certaines pensées surgissent, mais elles ne parviennent pas à s'élaborer parce qu'il évacue rapidement la tension par l'agir. Chez lui, il existe un début de «psychisation» de la vie affective mais vite court-circuité. Ces deux exemples montrent que la vie affective n'est pas assimilable au psychisme.

L'intelligence peut aussi fonctionner indépendamment de l'activité psychique. Ainsi, quand nous faisons un raisonnement mathématique ou que nous concevons le plan de notre future maison en tenant compte des lois de la physique, les pensées qui nous habitent relèvent de la seule intelligence logique et rationnelle, et ne nécessitent pas l'intervention du psychisme. Ces processus mentaux peuvent subir l'influence de notre vécu émotif ou de nos réactions physiologiques, mais ils ne sont pas engendrés par eux comme c'est le cas pour les représentations. Ils existent par eux-mêmes par la seule activité du néocortex, car ce sont des activités intellectuelles pures et non psychiques. Ils peuvent subir l'influence de l'affect, mais il est également possible qu'ils ne soient pas du tout influencés par lui. Le mot *pensée* est donc un terme générique qui englobe à la fois les représentations, soit les pensées qui découlent de l'activité du psychisme à partir d'une réaction physiologique ou d'une émotion, et les idées provenant de l'intelligence seule sans qu'il y ait participation du psychisme.

Les pensées peuvent être...

des idées intellectuelles pures non reliées à l'émotion	des représentations issues de la traduction d'un affect par le psychisme

QUAND LES IDÉES S'ASSOCIENT

Pourquoi, pendant que je suis concentrée sur le sujet dont je traite dans ce chapitre, une idée apparemment sans lien surgit-elle tout à coup dans mon esprit ? Pourquoi, en faisant du rangement dans votre commode, au moment où vous retrouvez un objet dont vous aviez oublié l'existence, des souvenirs vous reviennent-ils en tête entraînant avec eux certaines émotions ? Et pourquoi la résurgence de ces souvenirs vous fait-elle penser qu'il y a longtemps que vous n'avez pas téléphoné à votre sœur ? Pourquoi, alors que vous l'aviez oublié, le rêve fait durant la nuit resurgit-il à votre mémoire au beau milieu d'une conversation avec un ami alors que le sujet dont vous parlez semble n'avoir aucun lien avec lui ? Qu'est-ce qui lie les représentations les unes aux autres ? Comment s'enchaînent-elles dans le processus de pensée ?

Lorsque nous pensons, nos représentations conscientes, préconscientes et inconscientes se déplacent, interagissent les unes avec les autres, s'appellent les unes les autres, se comparent, se complètent et s'associent entre elles. Il suffit souvent d'exprimer tout haut une pensée pour qu'une autre vienne, puis une autre et encore une autre. Vous avez sans doute remarqué que lors d'une conversation, une fois le sujet lancé, les idées des uns et des autres s'enchaînent et entraînent parfois, voire souvent, le groupe à dévier vers un thème auquel personne n'avait pensé en commençant la conversation. Lors d'un échange avec d'autres personnes, ne vous êtes-vous jamais dit: « Ah! oui, ça me fait penser à ceci, et encore à cela! » Si vous voulez préciser votre pensée, efforcez-vous de la formuler à l'intention d'une autre personne. Le seul fait de commencer à l'énoncer vous amène à la préciser. Les professeurs connaissent bien ce phénomène: rien de mieux que d'enseigner une matière pour la comprendre soi-même de mieux en mieux; plus on l'explique, plus elle devient claire. C'est ce phénomène qui est exploité dans les psychothérapies basées sur l'introspection et la prise de conscience: en nous obligeant à parler de ce que nous ressentons à une tierce personne qui n'interrompt pas trop souvent le flot de nos associations, nous nous plaçons dans une situation favorable pour que nos pensées s'associent de façon à nous surprendre. En effet, des pensées auxquelles nous ne nous étions jamais arrêtés auparavant, ignorant peut-être même qu'elles étaient en nous et agissaient à notre insu, ont alors la possibilité de faire surface et nous amènent à porter un regard nouveau sur notre situation.

Qu'est-ce qui fait s'associer entre elles les représentations? Pourquoi telle pensée surgit-elle à la suite de telle autre? Des règles régissent-elles les attractions entre les idées? Nous sommes assez familiarisés avec le processus d'enchaînement logique des idées dans un raisonnement: « Étant donné ceci et cela, il en découle que... », avons-nous l'habitude de penser quand nous réfléchissons. Lorsque nous tentons d'exprimer nos opinions, nous nous efforçons la plupart du temps d'enchaîner nos idées en suivant les règles de la logique, espérant ainsi être mieux compris par notre interlocuteur. Mais les stratégies utilisées par notre cerveau pour penser ne sont pas réductibles à ces seuls procédés logiques, loin de là. L'enchaînement logique des idées est l'œuvre de la conscience qui s'efforce d'orienter la pensée afin de la rendre compréhensible pour celui qui écoute. Lorsque la conscience est mise au repos, comme elle l'est durant le sommeil, par exemple, notre cerveau ne se complique pas la vie avec les règles de la logique. Les pensées du rêve en témoignent. Dans le rêve, la logique temporelle n'existe pas. Nous pouvons nous retrouver à vingt ans en présence de notre grand-père décédé alors que nous en avions dix quand il a disparu. Les règles de la causalité sont également ignorées par la pensée du rêve. Des phénomènes étranges peuvent ainsi survenir contre toute logique : nous pouvons nous envoler, un chien peut parler, une personne morte bouger…

Si, durant les phases d'éveil, nous délaissons l'effort conscient et laissons libre cours à nos pensées, le cerveau n'utilisera pas plus spontanément les enchaînements basés sur la logique que pendant le sommeil. Il permettra au contraire à nos pensées de surgir les unes à la suite des autres, se fiant plutôt aux émotions qui se rattachent à elles et à ce qu'il a emmagasiné dans sa mémoire.

L'enchaînement des représentations suit certaines lois

La plupart de nos représentations de mots se situent dans le préconscient. Lorsque nous laissons nos pensées s'enchaîner librement sans faire l'effort de les orienter par la logique, elles surgissent à la conscience, appelées tour à tour par les liens qui les unissent dans notre mémoire affective inconsciente. Des affinités, des points communs les attirent les unes vers les autres, si bien que, lorsque nous laissons notre pensée se dérouler librement, elles se présentent à notre conscience dans un ordre qui est loin d'être laissé au hasard, même si d'un point de vue logique nous avons l'impression de sauter du coq-à-l'âne. En réalité, ce désordre apparent a sa « logique » propre, simplement celle-ci échappe souvent à notre conscience. L'enchaînement des pensées suit certaines lois.

Première loi : les représentations s'associent par similitude ou contiguïté

Les représentations qui ont en commun certains traits s'attirent les unes les autres. Ainsi, deux pensées pourront s'associer parce qu'elles proviennent toutes deux d'une même émotion, ou parce qu'elles concernent la même personne ou la même situation. On parle alors d'une association par *similitude*. Par exemple, quand je me promène dans la nature, je ressens toujours un grand plaisir. Cette émotion peut me rappeler les fois où j'allais avec mon père en forêt ou à la cueillette des champignons. Ces promenades me font à leur tour penser à cet ami qui s'intéressait aux champignons et avec qui j'avais échangé sur le sujet. Je songe ensuite que, septembre approchant, je pourrais l'appeler pour qu'on aille ensemble aux champignons. L'automne me rappelle à présent les randonnées pédestres que je faisais avec une amie aujourd'hui décédée. Cette dernière pensée fait resurgir la peine plus récente liée au décès de mon frère, des souvenirs me reviennent concernant ce dernier, et ainsi de suite. Dans cet exemple, on voit bien que les représentations s'enchaînent, se donnent naissance les unes aux autres, du fait des *liens affectifs* qui les unissent. Le plaisir de me balader dans la nature ramène des souvenirs d'enfance agréables concernant mon père, l'affection que je lui porte réveille celle que je ressens pour cet ami qui lui ressemble par certains aspects. Son évocation et le fait que je ne l'aie pas vu depuis longtemps suscitent de la nostalgie, ce sentiment s'associe au souvenir de mon père avec qui je cueillais des champignons, et les deux me conduisent à l'automne et à la nostalgie que j'éprouve à la pensée de cette amie perdue. La tristesse de la perte me ramène à un deuil plus récent, etc.

Les représentations peuvent aussi se lier entre elles par des liens de *contiguïté*. Deux pensées vont s'associer non pas parce qu'elles soulèvent le même affect, mais parce qu'elles ont vu le jour à peu près au même moment et dans les mêmes conditions. Cette association n'est pas sans lien avec l'émotion, mais ce lien est plus subtil, moins évident à première vue. Habituellement, lorsqu'une telle association se produit, une des représentations est très chargée émotivement et se lie à une autre moins chargée qui a vu le jour simultanément. En voici un exemple : une personne n'aime pas l'odeur de soupe au chou parce que, chaque fois qu'elle la sent, celle-ci la rend nostalgique. Pour que cette association entre l'odeur de la soupe au chou et la nostalgie se fasse, il a fallu que, dans la mémoire, un lien existe entre cette soupe et un événement triste, parce que la soupe au chou en soi n'a rien de nostalgique. Ce genre de liaison constitue une stratégie défensive de la pensée consciente pour éviter la résurgence d'une représentation ou trop pénible, ou condamnée par le sens moral de la personne. Lorsque c'est le cas, la représentation à laquelle je préfère ne pas penser ne vient pas facilement à la conscience ; à la place apparaît plutôt celle qui s'y est associée par contiguïté, car elle représente un moindre danger de souffrance pour moi. Mais en raison du lien qui les unit dans la mémoire, celle-ci va tout de même attirer la première et faciliter son accès à la conscience pour peu que je cesse de m'en défendre et que j'accepte de la laisser émerger. Reprenons notre exemple. Lorsque la personne tente d'expliquer pourquoi l'odeur de la soupe au chou suscite toujours de la nostalgie en elle, elle peut se souvenir du pensionnat où on lui servait souvent ce genre de soupe, puis se rappeler des souvenirs plus lointains de son enfance dans lesquels elle voit sa mère préparer la même soupe. Pourtant, l'évocation de ces souvenirs est plutôt agréable. La personne reste malgré tout avec l'impression d'un malaise et a le sentiment de ne pas parvenir vraiment à cerner la cause de sa répulsion. Voilà qu'un jour, elle entre dans la cafétéria de son entreprise où la soupe du jour est justement une soupe au chou. Un collègue s'approche d'elle et lui apprend le décès d'un autre collègue qu'elle aimait bien. Elle est atterrée. Lui revient alors en mémoire le souvenir de ce jour où sa mère lui a appris le décès de son grand-père à qui elle était très attachée. Cela se passait dans la cuisine alors que sa mère préparait une soupe au chou… On voit ici comment l'association par contiguïté s'est faite : pendant qu'il encaissait le choc de la mauvaise nouvelle, son inconscient a rattaché à jamais l'odeur de cette soupe à la perte de l'être cher qui l'avait plongée dans une grande tristesse.

Deuxième loi : les représentations s'associent de façon transversale et longitudinale

Des pensées se développant à la même époque de notre vie peuvent se lier entre elles soit par similitude, soit par contiguïté. On les dira alors associées de manière *transversale*. Mais les pensées peuvent aussi se lier entre elles même si elles ne sont pas nées à la même période. En ce cas, elles s'associent selon le principe déjà évoqué de similitude. On dira alors qu'elles s'associent de manière *longitudinale*. La balade dans la nature qui ramène des souvenirs récents et d'autres plus anciens en est un exemple. L'inconscient (la mémoire) ne s'occupe pas du moment qui a vu naître les représentations. Que celles-ci soient issues de notre petite enfance, de notre adolescence ou encore de l'âge adulte, c'est uniquement leur contenu affectif qui compte dans le lien qu'elles tissent les unes avec les autres. Un événement enregistré à cinq ans l'est sur la base de l'émotion ressentie à ce moment-là, à partir de ce que l'enfant peut comprendre du monde extérieur à cet âge. Par la suite, toute autre situation semblable vécue ultérieurement sera comparée à cet événement premier. Toute similitude entre la situation actuelle et celle vécue à cinq ans produira une association et réveillera l'émotion initiale, celle de l'enfance, et cela malgré la maturité acquise. C'est pourquoi toute figure d'autorité, premier ministre, patron d'entreprise, professeur de collège, maîtresse d'école, est susceptible d'être comparée aux figures d'autorité premières de l'enfance, soit le père et la mère, et de soulever les mêmes émotions que celles-ci. Il faudra l'effort de la pensée consciente pour distinguer ces figures actuelles des parents du passé et permettre à l'individu de voir celles-là avec des yeux d'adulte plutôt qu'avec ceux de l'enfant.

Les chaînes associatives

Les diverses représentations reliées entre elles sur la base des règles que je viens d'exposer forment les chaînes associatives. Celles-ci peuvent se comparer à des trains composés de plusieurs wagons qui seraient les représentations : tirez sur un wagon, le reste du train suit. Dans une chaîne associative, la majorité des représentations sont préconscientes, mais le wagon de tête, la locomotive, a toutes les chances d'être une représentation inconsciente. Notre mémoire psychique contient une infinité de ces chaînes associatives qui s'entrecroisent les unes les autres, formant un réseau très complexe.

On pourrait comparer celui-ci à un réseau ferroviaire particulièrement élaboré, du genre de ceux que l'on peut trouver en Europe, ou encore à l'enchevêtrement des rues, avenues, boulevards et impasses d'une grande ville. Ces comparaisons sont imparfaites parce que, pour bien imaginer la complexité de l'enchevêtrement des chaînes associatives, il faudrait concevoir un réseau ferroviaire ou de rues en trois dimensions.

Deux chaînes associatives se croiseront si elles ont en commun une même représentation. Pour que celle-ci se trouve à un point de jonction entre les deux chaînes, il faut qu'elle renvoie en même temps aux émotions caractérisant chacune des chaînes qu'elle relie. Dans mon exemple de la promenade dans la nature, la pensée qui évoque l'automne est une illustration de l'une de ces représentations nodales puisqu'elle se relie à la fois aux souvenirs évoquant le *plaisir partagé* avec des personnes aimées (mon père, le collègue de travail et l'amie décédée) et à ceux qui sont empreints de *nostalgie* causée par la perte de personnes chères (l'amie et le frère). Ces représentations charnières peuvent faire dévier le cours de la pensée dans une direction ou une autre. Par exemple, mes pensées auraient pu continuer à s'enchaîner en suivant la voie des souvenirs plaisants liés à la nature, au lieu de bifurquer sur la voie qui m'a conduite aux souvenirs des décès. La première voie aurait pu m'entraîner vers des souvenirs d'adolescence et de camps de vacances avec des camarades. Cela montre bien pourquoi, lorsque nous exprimons nos pensées à voix haute, celles-ci nous conduisent souvent dans un tout autre lieu que celui que nous avions prévu, et pourquoi nous pouvons mener à l'infini un travail d'association qui, chaque fois, nous amènera dans un endroit différent.

Étant donné l'infinité des chaînes associatives de notre mémoire, et également le grand nombre de croisements possibles entre elles, notre mémoire psychique se révèle être un véritable labyrinthe dont l'exploration de fond en comble est difficilement imaginable. C'est dire les possibilités infinies dont dispose notre psychisme lorsqu'il cherche à comprendre les raisons de la tension qu'a déclenchée en nous tel événement particulier, c'est-à-dire lorsqu'il utilise l'imaginaire dans sa recherche de solutions à nos difficultés.

QUAND LES PENSÉES TRAVAILLENT...

Notre cerveau est toujours actif. Sans cesse, nos représentations se déplacent, s'associent, s'attirent, s'engendrent les unes les autres. Ce travail de la pensée s'appelle *activité d'élaboration mentale*. C'est elle que nous mettons à profit lorsque nous nous livrons à l'introspection. Par *introspection*, on entend l'observation, par soi, de sa façon de réagir et surtout de penser, soit l'auto-observation. Grâce à l'introspection, nous pouvons mieux voir comment s'enchaînent nos pensées dans notre esprit et comprendre l'impact des émotions et des souvenirs sur nos réactions, nos attitudes et nos comportements. Ce travail d'auto-observation est nécessaire si nous souhaitons prendre conscience des automatismes provenant des expériences infantiles que nous avons mémorisées et qui guident, souvent à notre insu, nos réactions et nos comportements d'aujourd'hui. La prise de conscience, parce qu'elle nous permet d'avoir de nos expériences passées une vision nouvelle, nous aide à nous libérer de ces automatismes et à réagir de façon plus adaptée à ce que nous vivons au présent.

Le travail d'élaboration mentale se poursuit même en dehors des moments d'auto-observation, et cela sans que nous en ayons conscience. En effet, même durant notre sommeil, nos pensées continuent à se déplacer et à se lier entre elles. Pas de repos pour l'élaboration mentale ! C'est l'œuvre de la mémoire affective qui est sans cesse en action. On peut même dire que son efficacité est plus grande durant le sommeil parce que le cerveau n'a pas à tenir compte des lois de la logique régissant la réalité extérieure pour effectuer son travail de liaison. Les rêves témoignent de l'activité nocturne de la pensée. L'activité d'élaboration mentale est l'outil par excellence de la créativité de notre cerveau. En comparant nos représentations entre elles, en les faisant bouger, en les associant les unes aux autres, elle les remanie, ce qui nous permet d'envisager autrement ce que nous vivons. Et voir les choses sous un angle nouveau est ce qui peut nous aider à imaginer une solution à nos difficultés à laquelle nous n'avions pas pensé auparavant.

Dans l'exemple du chapitre précédent, M. La Sagesse a su utiliser l'activité d'élaboration mentale de son psychisme. Celle-ci s'est mise en route dès son retour à la maison, alors qu'il racontait les événements de la journée à sa femme. Elle s'est poursuivie durant son sommeil ; son rêve en témoigne. Par ses efforts d'introspection au réveil, M. La Sagesse a su mettre à profit les liens que son cerveau avait faits durant la nuit. M. Timoré, trop sur la défensive face à ses pensées agressives, n'a pas su, quant à lui, utiliser l'activité d'élaboration mentale de son psychisme, activité pourtant à l'œuvre puisqu'il a rêvé. Chez lui, c'est l'introspection qui a fait défaut, sans doute parce qu'il craignait trop de devoir faire face à l'agressivité qu'il condamne en lui.

Un exemple d'élaboration mentale

Pour illustrer concrètement ce à quoi peut ressembler un travail d'élaboration mentale, je vais me référer à un exemple tiré du *Journal de la création* de Nancy Huston (2001)[6]. Dans ce livre, l'auteur nous fait en grande partie part d'un travail d'introspection auquel elle s'est livrée. Nous pouvons ainsi en suivre les méandres et en reconnaître les processus. Cet exemple nous intéresse d'autant plus que ce qui fait l'objet de ce travail d'introspection concerne justement les liens entre son corps et son esprit.

Nancy Huston entreprend l'écriture de ce journal en février 1988 alors qu'elle est enceinte de son deuxième enfant. Elle veut l'utiliser pour réfléchir sur le *mind-body problem*, selon sa propre expression, et elle croit le moment de sa grossesse bien choisi pour cela puisqu'il lui offre la possibilité de réfléchir en même temps aux

6. Les passages entre guillemets sont des citations littérales. Les italiques visent à attirer l'attention du lecteur sur certains points particulièrement importants.

« liens possibles ou impossibles » (p. 12) entre l'art (création spirituelle), d'une part, et l'enfantement (création biologique), d'autre part. Elle précise dès le début du livre que le problème des liens entre le corps et l'esprit la préoccupe d'autant plus que, depuis deux ans, elle est « le siège d'une lutte sans merci » (p. 17) entre corps et esprit. En effet, en février 1986, une étrange maladie physique l'a terrassée, et, un an plus tard, soit en février 1987, elle a connu une maladie psychique diagnostiquée comme étant une crise psychotique. Commencer ce journal en février 1988 n'est donc pas banal pour elle puisque ce mois de l'année commémore le début de chacune de ces deux périodes troublées de sa vie. Par ce journal, elle se propose de chercher à déceler le sens de ces maladies et à comprendre pourquoi, depuis deux ans, existe une telle lutte entre son corps et son esprit. Voilà donc une première étape du travail d'introspection : *se poser une question.*

Pour amorcer sa réflexion, elle se remet en pensée dans la situation de 1986, avant l'apparition de sa maladie physique, et elle laisse resurgir les préoccupations, pensées et émotions qui l'habitaient à cette époque. Elle et un ami venaient tout juste de terminer une série d'émissions radiophoniques portant sur des couples d'écrivains intitulée *Scènes littéraires, scènes de ménage*. À travers ces émissions, ils avaient voulu « interroger des femmes, qui, non contentes d'aimer des poètes, avaient voulu déserter les fonctions de muse, de modèle ou d'épouse maternante pour devenir elles-mêmes poètes » (p. 18). Elle ajoute : « Au départ, j'avoue que mon intention était de démontrer comment, dans chacun des couples, la femme s'était fait avoir par l'homme. » Notons ici l'honnêteté de Nancy Huston vis-à-vis d'elle-même : elle ose s'avouer avoir eu une pensée du genre de celle que l'on peut facilement s'empresser de mettre de côté parce qu'on la condamne ou qu'elle nous effraie. Au lieu de la repousser, elle la regarde bien en face (oui, j'ai bien eu cette pensée) et elle la laisse ensuite librement flotter dans son esprit. Cette honnêteté vis-à-vis de soi-même est très importante pour mener à bien un travail d'introspection efficace parce que toute pensée, qu'elle nous plaise ou non, à partir du moment où elle traverse notre esprit, est susceptible d'être en rapport avec la question qui nous préoccupe. La rejeter, c'est se cacher des choses, enlever un morceau du puzzle que l'on cherche à reconstruire. Dans la même optique, il importe de mettre le jugement que l'on porte sur soi-même de côté afin de laisser la porte ouverte à toute pensée qui nous habite et cherche à se faire entendre.

Nancy Huston enchaîne en se rappelant qu'à l'époque de la préparation de cette série d'émissions, plus elle lisait sur le sujet, plus elle y réfléchissait, moins elle avait de certitudes. Elle acceptait de remettre en question son hypothèse de départ qui était en réalité un jugement préconçu. Une telle attitude d'ouverture est indispensable pour être en mesure de voir surgir de nouvelles possibilités. Si nous nous accrochons trop à notre idée de départ, nous allons, sans nous en rendre compte, orienter notre pensée de telle sorte qu'elle donnera raison à notre idée et nous verrons alors se fermer à nous toute nouvelle possibilité de compréhension de la question qui nous habite. En nous permettant de remettre nos convictions en question, nous nous mettons dans des conditions favorables pour voir surgir autre chose. C'est ce qui arrive à Nancy Huston. En effet, alors qu'elle écrit ce journal, en février 1988, et qu'elle regarde ces événements avec le recul du temps, une idée nouvelle surgit dans son esprit: « Maintenant je vois que tout mon être, corps et âme, avait été mis en branle par cette question et voulait, par des soubresauts invraisemblables, m'empêcher de lui apporter des réponses trop faciles » (p. 18). Voilà une première pensée qui lui vient en tête spontanément pour expliquer la lutte entre son corps et son esprit: elle envisage tout à coup l'hypothèse que ses maladies étaient peut-être un signal envoyé par son corps à son esprit pour le mettre en garde et faire qu'il ne se contente pas d'une explication facile, c'est-à-dire détachée de *sa* réalité psychosomatique. Lorsque nous faisons un travail d'élaboration mentale, nous devons nous méfier des jugements issus des courants de pensée dominants, ou à la mode, à ce moment-là dans la société. Ils proviennent souvent des préjugés qui servent nos automatismes et nous empêchent de prendre du recul par rapport à ceux-ci. Trop nous y accrocher risque de nous enliser dans des défenses qui bloquent le travail psychique. Nancy Huston reconnaît ici que son hypothèse de départ était une idée préconçue et possiblement un leurre destiné à lui cacher une vérité plus profonde sur elle-même. On voit bien ici comment, sans les rejeter tout à fait, elle se permet de *remettre en question ses convictions* en s'autorisant à penser que celles-ci ne sont peut-être que des automatismes appris qui l'empêchent de penser autre chose.

Elle continue ensuite à se rappeler les événements de 1986 et laisse venir les pensées spontanément sans chercher de réponse logique et rationnelle à sa question de départ. Elle et son ami venaient de terminer une émission sur le couple Jean-Paul Sartre et Simone de Beauvoir quand son symptôme physique apparaît (notez la contiguïté) : une espèce d'engourdissement envahit le bas de son corps, pieds, jambes, sexe ; elle ne les sentait plus. La première image (représentation) qui lui vient en tête tandis qu'elle pense à ce symptôme d'engourdissement la ramène loin dans le passé, au moment de son enfance au Canada. Elle se rappelle « les longues après-midi passées à faire de la luge ou du patinage, quand les lacets fortement serrés des bottes ou des patins empêchaient de sentir la gelure des orteils avant qu'il ne soit trop tard » (p. 19) (la similitude réside dans l'insensibilité des membres inférieurs). Cette représentation qui s'impose à son esprit est une tentative que fait son psychisme pour mettre son symptôme physique en *images*. Cette tentative la ramène à un souvenir d'enfance.

L'analyse du travail d'élaboration mentale

Le journal se poursuit ainsi pendant plusieurs pages ; arrêtons-nous un moment pour observer de plus près comment, jusqu'à présent, les représentations de Nancy Huston travaillent à chercher une réponse à sa question de départ. Elle a commencé par préciser la question sur laquelle elle voulait réfléchir : pourquoi, depuis deux ans, son corps et son esprit sont-ils en lutte ? Elle note ensuite que cette lutte a commencé alors qu'elle réfléchissait aux liens entre la création artistique et la maternité chez la femme poète. Elle se demande alors : y aurait-il un lien entre les deux ? Puis elle s'avoue avoir amorcé ce travail intellectuel sur les couples d'écrivains par une pensée stéréotypée (les femmes se font avoir par les hommes). Cet aveu produit l'*ouverture* nécessaire pour remettre en question l'idée préconçue, sans toutefois évacuer ce qu'elle pourrait contenir de vrai. L'ouverture, à son tour, engendre l'*attente d'autre chose* et crée une *place* pour qu'une autre pensée puisse surgir spontanément, sans le concours du raisonnement ni de la pensée logique. C'est ce qui se produit : une idée nouvelle apparaît – son corps, par son symptôme, aurait-il voulu l'avertir de ne pas se laisser leurrer par une explication facile ? En se permettant de penser que l'apparition de son symptôme a quelque chose à voir avec le sujet dont elle traite intellectuellement dans les émissions radiophoniques, elle *sent* que « tout son être, corps et âme, avait été mis en branle par cette question » (p. 18). J'insiste sur le verbe *sentir* parce qu'il s'agit bien ici d'une conviction intérieure ressentie comme vraie, et pas seulement d'une simple hypothèse intellectuelle détachée des émotions. Laissant flotter cette dernière pensée dans son esprit tout en la mettant en veilleuse, Nancy Huston continue à se remémorer les événements qui avaient précédé l'apparition de sa maladie physique. Elle se rappelle alors les manifestations du symptôme et se souvient avoir spontanément associé à celles-ci, en 1986, un souvenir d'enfance : elle ne sentait plus rien dans ses pieds et ses jambes, comme lorsqu'elle passait de longues heures, enfant, à jouer dans le froid. Remarquez la souplesse de l'enchaînement des pensées. Nancy Huston ne s'efforce pas d'avoir un discours structuré par la logique et le raisonnement ; à partir d'une question de départ, elle est tout simplement *attentive* à la survenue des pensées en elle, à leur enchaînement spontané, et à leur contenu affectif. Elle *n'évacue aucune pensée*, même celles qui pourraient lui être désagréables, et elle *avance à tâtons*, guidée par la *logique* de son préconscient et de son inconscient.

Le journal se poursuit sur cette lancée. Tout au long des cinq mois et quelques semaines que durera cette réflexion, elle va constamment se promener ainsi entre les pensées qui lui viennent spontanément au fil de l'écriture du journal, et des retours en arrière au moment de sa maladie physique, puis de sa maladie psychique, retours pendant lesquels elle tente de se rappeler les circonstances entourant les événements. Elle laisse sa pensée évoluer à sa guise entre des observations et des descriptions de faits, des émotions, des souvenirs, des analyses plus intellectuelles, des malaises physiques, etc. Elle note au passage ses réactions émotives, ses blocages, ses résistances à aller plus loin. Lorsque les représentations inattendues ne viennent pas, comme cela arrive souvent quand on se livre à un tel travail, elle se remet à l'étude des couples d'écrivains. Ces lectures apportent de l'eau au moulin de son appareil à penser et relancent l'enchaînement des représentations qui était temporairement interrompu. Autrement dit, elle *oscille* entre l'auto-observation de son processus de pensée et des observations extérieures portant sur des personnes vivant une situation semblable à la sienne.

Peu à peu, ce long travail d'élaboration mentale la conduit à une compréhension plus approfondie et plus sentie de la lutte que son corps et son esprit se livrent depuis deux ans. Celle-ci tient compte de ses émotions, de sa subjectivité. Peu à peu, sa maladie physique et son épisode psychotique prennent sens pour elle en s'inscrivant dans son histoire. À la fin de son journal, au moment où elle s'apprête à accoucher, elle écrit (p. 323): « Je me sens guérie. Est-ce parce que j'ai parcouru cet itinéraire, cousu ensemble en un patchwork toutes les pièces multicolores qui, avant de s'appeler *Journal de la création*, se trouvaient éparpillées ça et là, pans disparates de mon identité déchirée ? » Et, un peu plus loin, « elle [sa grossesse] m'a restitué mon corps, qui est un corps humain, c'est-à-dire pensant. [...] Je me sens enfin intègre, oui, un tout ». Autrement dit, cette grossesse, tant biologique que symbolique, car ce journal, cette réflexion, est bien une *gestation* de l'esprit menant à la *naissance* d'une prise de conscience, elle la ressent comme un accouchement d'elle-même en tant que personne entière, un être vivant dont le corps et le psychisme sont en harmonie.

La subjectivité du travail d'élaboration mentale

Je voudrais terminer à propos de cet exemple en précisant une chose importante. On peut ou non être d'accord avec l'analyse que Nancy Huston fait de ce qui lui est arrivé. On peut trouver ses liens pertinents ou farfelus, avoir le sentiment qu'elle a compris ou qu'au contraire elle a omis des éléments et qu'elle est passée à côté de quelque chose. En réalité, cela importe peu puisqu'il ne s'agit pas de *notre* travail psychique sur la question, mais du *sien*. Pour qu'un travail d'introspection soit efficace, l'important est que la personne qui le mène ait le sentiment profond, la conviction intime, inscrite dans sa chair parce qu'elle est ressentie émotivement, que la compréhension à laquelle elle est parvenue *a du sens pour elle*. Le travail d'élaboration mentale est un travail de remaniement de *nos* représentations issues d'informations inscrites biologiquement dans *notre* cerveau tout au long de *notre* histoire relationnelle. La réponse qu'un tel travail psychique apporte à une question qui nous concerne profondément est forcément subjective, non pas au sens où elle manque d'objectivité, mais au sens où elle nous appartient en propre, où elle est la réponse *la plus significative* pour le sujet que nous sommes, compte tenu de notre histoire, de notre expérience de vie et de ce que nous vivons en ce moment. Quelqu'un d'autre qui se poserait la même question arriverait à une autre réponse, et celle-ci serait tout aussi vraie pour lui parce qu'elle serait envisagée de son point de vue et en fonction de sa propre histoire. L'important, pour la santé physique et mentale, est d'arriver à ce sentiment de guérison, d'harmonie entre notre corps et notre esprit, ce que Nancy Huston exprime en disant (p. 323) : « Je me sens enfin intègre, oui, un tout. » Ce sentiment témoigne du fait que l'élaboration mentale est parvenue à évacuer suffisamment de tensions internes en effectuant un travail de symbolisation de celles-ci, c'est-à-dire un travail de transformation d'un phénomène biologique en un phénomène psychique.

Les événements subséquents de la vie soulèveront inévitablement d'autres tensions et chasseront peut-être ce sentiment de bien-être. Dans ce cas, il faudra relancer le travail d'élaboration mentale et approfondir encore la réflexion. Il se peut même que nous devions revenir sur une question à laquelle nous avions pourtant eu le sentiment d'apporter une réponse satisfaisante. Le travail mental sur nos tensions intérieures n'est jamais terminé et aucune réponse donnée à quelque question que ce soit se rapportant à nos façons de réagir et de nous comporter n'est jamais définitive et complète.

IMAGINAIRE ET IMAGINATION

J'ai dit précédemment que l'élaboration mentale est l'outil par excellence dont peut se servir la créativité. Avant de clore ce chapitre, j'aimerais apporter une précision importante concernant la pensée créatrice en distinguant imaginaire et imagination. L'élaboration mentale est une activité qui se base sur le fonctionnement associatif de notre cerveau pour créer de nouveaux liens entre nos représentations. Ce travail nous permet, par la prise de conscience qui en découle, d'imaginer des solutions nouvelles qui nous aident à maîtriser l'angoisse et toutes les émotions difficiles. Ce remaniement des représentations conscientes, préconscientes et inconscientes, qui a un pouvoir créateur, est l'expression même de l'imaginaire. D'un point de vue psychanalytique, l'*imaginaire* est ce lieu où nos représentations se déplacent et s'appellent pour se lier entre elles et trouver de nouvelles façons de s'associer. L'imaginaire travaille à partir de représentations, c'est-à-dire de pensées qui traduisent psychiquement ce qui est ressenti sur les plans corporel et émotif. Les créations auxquelles il donne lieu sont, par conséquent, tout ce qu'il y a de plus profondément lié à nos réactions corporelles, physiologiques et émotionnelles. Toute personne apte à faire un travail d'élaboration mentale conduisant à une prise de conscience est aussi capable de se servir de son imaginaire pour trouver des solutions nouvelles aux difficultés auxquelles elle est confrontée. On dira de cette personne qu'elle est créative. La créativité, telle qu'elle est définie ici, peut se manifester à n'importe quelle occasion, lors des plus petits gestes de la vie quotidienne, par exemple. Cela ne veut pas dire que l'individu créatif est un *créateur* comme le sont les écrivains, les peintres, les sculpteurs, les artistes en général.

L'imaginaire est à distinguer de l'*imagination*. Celle-ci peut fonctionner à partir de pensées provenant de la seule intelligence sans avoir recours aux représentations mentales issues de l'affectivité. Ces dernières, par contre, même si elles n'y participent pas directement, peuvent influencer la performance de l'imagination. Par exemple, l'ingénieur qui crée le plan d'un nouveau pont se sert de son imagination qui utilise ses connaissances objectives des lois mathématiques et physiques. Il fait preuve de créativité, mais le processus qui l'y amène n'a pas nécessairement besoin de s'appuyer sur des pensées insufflées par son affectivité, même s'il le peut à l'occasion. Ses capacités créatrices peuvent être entravées par des blocages affectifs inconscients, mais, lorsque ce n'est pas le cas, l'imagination requise pour le type de créativité que demande son travail peut fonctionner sans le concours des représentations mentales affectives inconscientes. L'imagination est un processus qui met surtout en jeu la pensée consciente, alors que l'imaginaire utilise les pensées inconscientes et préconscientes qui se trouvent en interaction avec les pensées conscientes.

L'œuvre d'art, quant à elle, dans la mesure où elle interpelle notre sensibilité et nous atteint profondément, joue des deux processus inhérents au pouvoir créateur de notre cerveau. Une œuvre qui touche, qui émeut, est forcément née de l'imaginaire de son auteur qui a puisé en lui les matériaux les plus personnels, les plus proches de ses émotions profondes, y compris ses réactions somatiques. C'est grâce aux liens très étroits que l'œuvre d'art entretient avec ce qui est ressenti en profondeur, sur le plan tant physiologique qu'émotif, par le créateur qu'elle peut nous atteindre dans notre sensibilité. C'est pour cette raison que la lecture d'un roman, la contemplation d'une toile ou d'une sculpture peuvent susciter en nous des émotions et stimuler notre propre imaginaire. Rien de mieux que la lecture d'un roman pour relancer un travail d'élaboration mentale qui est en panne !

Dans l'acte de création artistique, l'imagination joue cependant aussi un rôle qui vient compléter le jeu de l'imaginaire et y ajouter un élément. La part de l'imagination se trouve dans tout le travail conscient que l'artiste fait sur le matériel brut que lui fournit son imaginaire. L'imagination contribue, par exemple, à la création d'un personnage fictif auquel l'auteur d'un roman fait vivre toutes sortes de situations que lui-même n'a jamais vécues. C'est grâce à elle que l'auteur peut inventer une histoire qui n'a à peu près rien à voir avec la sienne. C'est elle aussi qui permet au peintre de réaliser une œuvre abstraite, de peindre un objet qui n'existe nullement dans la réalité. C'est la pensée consciente qui est ici mise à contribution. Mais, si ces inventions conscientes réussissent à nous toucher, c'est bien parce que l'imagination n'œuvre pas seule et que l'imaginaire de l'artiste y a contribué en lui insufflant ses émotions. Dans l'œuvre d'art, imaginaire et imagination travaillent de pair pour créer un produit fictif qui a souvent pour effet de nous sembler plus vrai que la réalité.

L'art est un monde privilégié dans lequel nous pouvons puiser pour faire travailler nos représentations mentales. Ne vous êtes-vous jamais surpris à pleurer en lisant un roman ou en regardant un film ? Lorsque cela se produit, c'est que l'auteur a su, par son imaginaire, rejoindre le vôtre qui a été stimulé. Fréquenter assidûment les arts apporte de l'eau au moulin de notre appareil à penser, ce qui favorise notre travail d'élaboration mentale et, de ce fait, nous aide à évacuer bien des tensions internes. La culture, si nous savons l'utiliser, contribue donc à nous garder en bonne santé et à prévenir les maladies.

7
De l'énergie à investir

Plus mon corps s'engourdissait, plus je devenais joyeuse ; mes amis n'y comprenaient rien.

NANCY HUSTON,
Journal de la création

Pour vivre, nous disposons d'une certaine quantité d'énergie. Celle-ci se distribue entre notre corps et notre psychisme et peut à tout moment connaître des oscillations entre l'un et l'autre. Comment l'énergie se répartit-elle entre corps et esprit ? Qu'est-ce qui régit ses oscillations ? Voilà quelques-unes des questions qui seront abordées au cours de ce chapitre. Par ailleurs, comme nous l'avons vu, chacun de nous possède un coffre à outils qui lui permet de faire face aux événements stressants de la vie. Ces outils composent avec l'énergie dont nous disposons : les comportements avec l'énergie corporelle et l'élaboration mentale avec l'énergie psychique. Comment utilisons-nous ces différents outils ? Et surtout, pourquoi, à un moment donné de notre vie, avons-nous recours au comportement plutôt qu'à l'élaboration mentale ? Enfin, qu'advient-il de l'énergie corporelle ou psychique lorsque les outils sont à l'œuvre ?

Notre façon personnelle de réagir à l'environnement dépend de ce que notre mémoire a enregistré depuis que nous sommes au monde. Chacun a sa manière particulière d'utiliser ces outils et celle-ci dépend de la façon dont l'énergie se distribue entre son corps et son esprit. À quoi peut ressembler ce mode de fonctionnement personnel que l'on appelle l'*économie psychosomatique* ? C'est tout cela que nous découvrirons ensemble dans ce qui suit.

ÉQUILIBRER SON ÉNERGIE : L'HOMÉOSTASIE

La vie se manifeste en nous par une énergie qui est constamment en mouvement. Nous pouvons sentir sa présence, entre autres dans la chaleur que dégage notre corps. Cette énergie provient des divers phénomènes qui sont perpétuellement à l'œuvre en lui : notre sang circule, nos nerfs transmettent des messages, des substances chimiques sont sécrétées, des émotions surgissent, des pensées se développent, etc. Tous ces processus consomment de l'énergie. Du seul fait d'être vivant, notre organisme enregistre continuellement un certain niveau de tension dont témoigne cette énergie, et ce n'est qu'une fois que nous sommes morts que celle-ci disparaît complètement.

La tension interne subit des variations en fonction des événements que nous vivons. La contemplation d'un beau paysage, un moment de repos sur une plage, une soirée calme entre amis, un bon bain chaud, un sentiment de bien-être intérieur procurent une détente et font baisser la tension interne. Notre corps fonctionne, mais au ralenti, juste ce qu'il faut pour se maintenir en vie. À l'inverse, un bruit soudain, les exigences de performance au travail, un événement difficile sur le plan affectif, tel un échec ou la perte d'un être cher, contribuent à élever le niveau de tension interne. Notre corps se met alors à fonctionner en vitesse accélérée, ce qui exige de lui un plus grand déploiement d'énergie.

Pour se maintenir en bonne santé, il importe de ne pas se laisser submerger par une trop forte élévation de la tension. Nous avons en effet vu, avec Selye et Laborit, que c'est lorsque celle-ci devient trop grande que la maladie risque d'apparaître. Pour éviter d'être submergé, notre organisme cherche à garder un équilibre énergétique en tâchant de maintenir la tension au niveau le plus bas possible. Ainsi, chaque fois qu'il détecte une hausse de tension, quelque chose est mis en action afin de la faire baisser. C'est le principe d'*homéostasie*.

Corps et psychisme contribuent à l'homéostasie

Dans cette recherche active de l'équilibre, autant le corps que le psychisme sont mobilisés pour déclencher des mécanismes de régulation énergétique. Certains de ces mécanismes opèrent à notre insu. Parmi ceux-ci, nous connaissons déjà, du côté du corps, les mécanismes physiologiques mis en jeu dans la réaction de stress, soit le syndrome général d'adaptation. Le psychisme, pour sa part, a recours à certains processus appelés *mécanismes de défense,* tels que le déni de la réalité — il fait comme si celle-ci n'existait pas — ou le refoulement — il repousse dans l'inconscient les pensées indésirables. Il existe toute une panoplie de mécanismes de défense. Tous agissent inconsciemment. Dire, par exemple, « je refoule » est donc inexact puisque le refoulement, comme tous les mécanismes de défense, se fait à notre insu.

Outre ces mécanismes de défense, nous utilisons différents *mécanismes d'adaptation*, qui sont des stratégies comportementales apprises et mémorisées inconsciemment. Celles-ci, bien qu'accessibles à la conscience, car nous pouvons en observer les manifestations, sont enclenchées de façon réflexe ou avec le concours minimum de notre volonté. Parmi elles, mentionnons, du côté du corps, certains comportements initiés de façon instinctive devant des situations qui se ressemblent. Certains individus ont, par exemple, tendance à fuir devant une tâche difficile. D'autres, devant la même difficulté, ont plutôt le réflexe de foncer tête baissée sans prendre le temps de réfléchir. Du côté du psychisme, l'humour, la rêverie éveillée, la fuite dans l'imaginaire sont des exemples de ces stratégies adaptatives qui se déclenchent en nous de façon quasi automatique.

D'autres stratégies, visant elles aussi à contrôler le niveau de tension interne, sont mises en route volontairement. C'est le cas, sur le plan corporel, des *comportements* voulus et prévus : faire de l'exercice de façon régulière, agir délibérément de telle façon. Sur le plan psychique, un mécanisme de défense particulier intervient, mais conscient celui-là : il s'agit de la *répression,* qui consiste à étouffer volontairement une émotion. C'est ce qui se produit lorsque nous « ravalons nos larmes » pour ne pas pleurer en public, ou que nous « serrons les dents ou les poings » pour nous retenir d'exprimer notre colère.

Vous allez peut-être me demander pourquoi je mets la répression des émotions au nombre des mécanismes pour faire baisser la tension. Réprimer une émotion ne contribue-t-il pas, au contraire, à maintenir celle-ci élevée ? Il semble en effet y avoir ici un paradoxe. Je m'explique. La répression d'une émotion forte est souvent nécessaire dans la vie en société. Il n'est en effet pas toujours indiqué d'extérioriser ses émotions en tout temps et en tout lieu. Le faire peut, dans certaines circonstances, produire un malaise et donc élever la tension interne plutôt que la diminuer. Une décharge agressive à un moment inopportun ne provoque bien souvent qu'une réaction défensive chez l'interlocuteur, qui répond par une contre-attaque ou qui se ferme et refuse de nous entendre. L'expression de la colère conduit alors à la rupture du dialogue, ce qui laisse la personne qui s'y est adonnée en proie à des sentiments de culpabilité ou de honte. Au bout du compte, la décharge de la colère n'a pas apporté le soulagement attendu. Il en est de même pour toute autre émotion forte. Il peut être gênant d'éclater en sanglots en pleine réunion de travail ou au restaurant, tant pour soi que pour ceux qui nous entourent. Pour cette raison, nous contenons la plupart du temps notre émotion dans ce genre de situations, plus précisément nous la *réprimons*. Par la suite, lorsque nous nous retrouvons à la maison ou avec nos proches et que les conditions sont plus favorables, nous pouvons laisser libre cours à son expression et nous libérer de la tension accumulée. La répression n'a pas contribué à faire baisser la tension sur le coup, mais elle a évité que celle-ci ne s'élève davantage.

La répression est toutefois une arme à double tranchant dans le travail d'homéostasie. Il arrive en effet souvent qu'après avoir réprimé une émotion, parce que la situation sociale l'exigeait, nous « l'oubliions » et passions à autre chose. Lorsque cela se produit, la répression de l'émotion provoque une mise à l'écart des pensées qui auraient pu se développer à partir d'elle. À notre insu, ce mécanisme qui se voulait adaptatif devient pathogène. Je l'ai souvent répété : ce n'est pas parce que nous n'exprimons pas l'émotion et que nous n'y pensons plus que son effet dans notre corps a disparu. Au contraire, la tension n'ayant pas pu se décharger, les réactions physiologiques du stress perdurent, avec les conséquences que l'on connaît, soit le risque de voir se développer des troubles de l'adaptation et des maladies. De plus, lorsque la répression se double d'une mise à l'écart des représentations mentales, elle rend impossible le travail psychique de la pensée qui aurait pu se faire, ce qui aurait favorisé une meilleure évacuation de la tension.

Parmi tous les outils permettant de réguler la tension interne, l'*élaboration mentale* est le plus raffiné et de loin le plus efficace. Rappelons-le, l'élaboration mentale consiste à articuler différemment nos représentations conscientes, préconscientes et inconscientes, ce qui nous aide à mieux saisir pourquoi une situation donnée nous fait réagir (émotion) et déclenche en nous une hausse de tension. Cette compréhension nous permet de prendre du recul et d'envisager la situation sous un angle nouveau. Elle nous aide à nous libérer des réactions automatiques provenant de notre mémoire affective, lesquelles s'avèrent souvent plus ou moins efficaces dans le cadre de l'adaptation à la situation actuelle. Ce faisant, elle nous amène à trouver une solution nouvelle et originale à la situation conflictuelle et, par conséquent, fait baisser notre tension.

UNE BOÎTE À OUTILS PERSONNELLE : L'ORGANISATION PSYCHOSOMATIQUE

Tous ces moyens, tant corporels que psychiques, conscients ou inconscients, sont autant d'outils dont nous disposons pour maintenir la tension au plus bas niveau possible. Mais si nous sommes tous susceptibles de développer les réactions physiologiques du syndrome général d'adaptation, nous n'avons pas tous recours aux comportements de la même façon et nous n'utilisons pas les mêmes mécanismes de défense et d'adaptation. Les différences résultent des expériences et des apprentissages que nous avons faits tout au long de notre histoire personnelle et relationnelle. Tel individu privilégiera le travail d'élaboration mentale associé à la pratique d'une activité culturelle et d'une ou deux activités sportives, tout en laissant libre cours à l'expression modérée de ses émotions au fur et à mesure qu'il les ressent ; souvenez-vous de M. La Sagesse. Un autre aura parfois recours à l'élaboration mentale, mais si celle-ci se révèle peu productive, peut-être parce qu'il réprime certaines émotions, il devra faire un usage accru d'autres moyens moins efficaces dans les moments de tension plus forte ; pensez à M. Timoré. Un autre se laissera plus facilement submerger par ses émotions. Ses débordements lui occasionnant des problèmes en société, il aura tendance à les réprimer plus souvent et plus fortement, ce qui risque d'occasionner une accumulation de sa tension interne ; c'est le cas de M. Presto. D'autres encore, tel M. Roger Bontemps, auront tendance à dénier massivement toute émotion et toute vie affective, car ils ne disposent pas de suffisamment de moyens pour régulariser la tension. Or, dénier sa propre réalité psychique et physiologique exige une dépense d'énergie considérable. Ces personnes sont par conséquent les moins bien outillées dans la recherche d'homéostasie, et sont donc plus susceptibles de tomber malades physiquement.

Cette boîte à outils personnelle constitue notre *organisation psychosomatique*. Elle correspond à l'ensemble des mécanismes tant corporels que psychiques, involontaires ou conscients, dont nous disposons pour maintenir notre homéostasie. Les outils psychiques et corporels varient en proportion d'un individu à l'autre, mais travaillent tous de concert à une tâche commune. Le coffre le plus efficace, on le devine, est celui qui contient les outils les plus raffinés et les plus performants. On y trouve une bonne capacité d'élaboration mentale jumelée à des comportements choisis parmi les plus aptes à faire baisser la tension (actions découlant d'un travail de prise de conscience, activités sportives et artistiques régulières). La répression des émotions étant parfois inévitable socialement, l'individu aura le souci de reprendre plus tard un travail psychique à leur sujet.

Lorsque le coffre à outils n'offre qu'une faible capacité d'élaboration mentale, et qu'en plus la répression des émotions est largement utilisée, les moyens corporels et comportementaux devront travailler doublement. Nous devinons tout de suite qu'ils auront bien du mal à accomplir leur tâche convenablement et que l'individu se verra plus facilement submergé par la tension. Les risques de développer des maladies en seront par conséquent accrus. La difficulté, voire l'incapacité, de recourir à l'élaboration mentale peut avoir des causes organiques telles qu'une malformation du cerveau à la naissance qui a empêché le développement de celui-ci. Elle peut aussi découler de difficultés développementales : des parents ayant eux-mêmes une faible capacité de travail psychique ne pourront pas facilement la faire se développer chez leurs enfants. Mais souvent, l'insuffisance du fonctionnement psychique résulte d'un usage excessif, et même parfois exclusif, de la répression des émotions. En effet, en étouffant celles-ci, nous empêchons les pensées de s'y associer. Par conséquent, nous privons le cerveau de sa capacité créatrice et notre imaginaire s'en trouve du coup fortement handicapé. Plusieurs observations en psychosomatique montrent que ce mécanisme est à la base de nombreuses maladies physiques.

COMMENT ET DANS QUOI INVESTIR SON ÉNERGIE : L'ÉCONOMIE PSYCHOSOMATIQUE

Dans le travail pour maintenir l'homéostasie, l'énergie interne est en perpétuelle transformation, car elle ne cesse d'évoluer entre des manifestations de nature physique et d'autres de nature psychique. Lors d'un travail d'élaboration mentale, par exemple, il y a transformation d'une énergie physique, soit l'émotion et ses manifestations physiologiques, en énergie psychique, les représentations qui nous aident à donner du sens à la tension ressentie. L'énergie qui pesait sur le corps, en se transformant, libère du coup ce dernier de sa tension. À l'inverse, lorsque nous réprimons une émotion et que, par conséquent, nous empêchons nos pensées de se développer, notre psychisme mis hors circuit ne peut transformer notre énergie corporelle en énergie psychique. Le corps demeure alors seul à encaisser toute la tension.

Les oscillations constantes qui se produisent en nous entre l'énergie physique et l'énergie psychique constituent ce que l'on appelle l'*économie psychosomatique*. Celle-ci se réfère à notre façon toute personnelle de composer avec l'énergie vitale interne, à partir de notre coffre à outils, à chaque instant de notre vie, et cela quels que soient notre âge, notre sexe et notre condition sociale. Ce processus, en grande partie inconscient, explique les alternances entre des périodes de santé physique et mentale et des moments durant lesquels se développent des maladies physiques ou des troubles psychiques. C'est avec notre économie psychosomatique que nous faisons face quotidiennement aux divers facteurs de stress. Le déclenchement des maladies, leur évolution et leur guérison ne peuvent être compris qu'en tenant compte de cette économie.

8
Malade d'avoir étouffé sa colère

Les pensées – ces cailloux durs, pointus, implacables et brûlants – meurtrissaient son cerveau… Ah ? ne pas penser, ne pas penser !

STEFAN ZWEIG,
Destruction d'un cœur

Réprimer son agressivité est chose courante pour bien des personnes. Un certain nombre d'entre nous s'abstiennent d'exprimer leur colère par crainte d'en perdre le contrôle. Ils appréhendent les conséquences fâcheuses que pourrait avoir son expression désordonnée. La répression de l'agressivité en situation sociale n'est pas nécessairement pathogène si l'individu n'en reste pas là, s'il peut lui trouver une voie d'évacuation plus adaptée lorsqu'il se retrouve en privé, et surtout s'il n'empêche pas ses pensées de s'y associer afin de permettre qu'un travail d'élaboration mentale soit possible. Dans le cas contraire, la répression de l'agressivité ne peut que conduire à une accumulation de tension interne, condition favorable au développement de maladies physiques.

Les maladies qui résultent d'une répression massive et régulière de la violence et de l'agressivité sont fréquentes dans notre société. D'où viennent ces pulsions si dérangeantes ? Comment distinguer entre violence et agressivité constructive ? Pourquoi certaines personnes ont-elles plus de difficulté que d'autres à composer avec ces émotions pénibles ? Comment et pourquoi la répression massive et continue qu'elles opèrent peut-elle fragiliser l'organisme et conduire à des somatisations ? Voilà autant de questions auxquelles je tenterai d'apporter une réponse dans les pages qui suivent.

INSTINCT ET VIOLENCE

En intégrant les caractéristiques du cerveau des espèces vivantes inférieures, nous avons hérité de tout ce que celui-ci contrôle, y compris les instincts[7]. Chez l'humain, cependant, bien qu'ils existent, les instincts ne déterminent pas les comportements autant qu'ils le font chez les animaux. Les apprentissages, et surtout la socialisation, contribuent à les encadrer et à leur donner des voies d'expression détournées. L'attachement de l'enfant à des parents qui l'aiment contribue aussi à modifier considérablement l'expression de ces instincts de base dans la mesure où ceux-ci entrent en conflit avec l'amour qu'il leur porte.

Qu'est-ce que l'instinct ?

L'animal sait exactement de quoi il doit se nourrir pour survivre et comment chasser sa proie. Face à un danger imminent, un comportement réflexe de fuite se déclenche rapidement en lui, et devant des intrus qui menacent son territoire, il sait comment se défendre. Tous ces comportements lui sont dictés par l'instinct, qui lui permet de survivre dans un environnement souvent hostile. À certaines périodes de l'année, c'est encore l'instinct qui le pousse à se reproduire afin d'assurer la survie de son espèce.

L'*instinct* peut se définir comme *ce qui pousse tous les animaux d'une même espèce à se comporter d'une certaine façon pour assurer leur survie et la survie de l'espèce*. Les comportements instinctuels sont inscrits dans les gènes et coordonnés par le cerveau reptilien. Les principaux instincts sont l'instinct de nutrition, de fuite devant le danger, de défense du territoire, de reproduction et de protection des petits. Ces instincts se transmettent de façon héréditaire entre les individus d'une même espèce animale. Bien que les petits

7. Les notions présentées dans ce chapitre résument la pensée de Christophe Dejours, psychanalyste et psychosomaticien, telle qu'elle est élaborée dans les ouvrages cités dans la bibliographie.

doivent parfois apprendre des adultes certains comportements, l'instinct lui-même est très peu dépendant de l'apprentissage et de l'environnement. Les renardeaux apprennent, par exemple, des stratégies de chasse qui sont typiques de leur espèce, mais l'instinct de chasser pour se nourrir existe de façon identique chez tous les renards dès la naissance.

Les instincts s'expriment par le biais de comportements stéréotypés produisant une séquence comportementale spécifique. Ils présentent la plupart du temps un *caractère violent*, impératif, justement parce que c'est la survie même de l'individu et celle de l'espèce qui sont en jeu. C'est pour cette raison que, lorsqu'un animal se sent menacé, ses comportements instinctuels de survie se manifestent avec une violence souvent destructrice.

La violence instinctuelle chez l'être humain

Chez l'humain, ces comportements instinctuels existent aussi et sont sous le contrôle du cerveau reptilien. Ils sont inscrits sous forme de programmes génétiques transmis par les chromosomes. Du fait de l'éducation que l'être humain donne à sa progéniture, ils subissent cependant de profondes modifications. En effet, contrairement à ce qui se passe chez les animaux, les comportements instinctuels de l'humain se doivent d'être largement domestiqués pour permettre la vie en société, qui exige que leur expression directe soit retenue et leurs manifestations réglementées. Nous ne pouvons pas, par exemple, voler une poule à un voisin ou des légumes chez l'épicier sous prétexte que nous avons faim, ni agresser ou tuer quelqu'un sous prétexte qu'il se trouve en travers de notre chemin, pas plus qu'assouvir notre besoin sexuel n'importe où, n'importe quand et avec n'importe qui. Sans la domestication de nos instincts, la vie sociale ne serait qu'anarchie, en raison même du caractère violent des comportements instinctuels. L'éducation se charge donc de modifier et de moduler la maîtrise de ces instincts en nous.

Cependant, comme nos comportements instinctuels sont inscrits dans des programmes génétiques et bien qu'ils soient fortement contrôlés par l'éducation, ils demeureront inchangés dans nos chromosomes jusqu'à la fin de notre existence. Notre organisme les réactive même chaque nuit durant notre sommeil afin d'empêcher qu'ils s'éteignent. La sauvegarde de ces programmes génétiques s'avère importante, car c'est elle qui nous permet de réagir instinctivement, et ce, malgré notre éducation, si nous nous retrouvons en situation extrême de survie. Les instincts conservés de la sorte sont de trois types : le comportement d'agression, soit la violence au service de la survie, le comportement de nutrition et le comportement sexuel.

L'existence des instincts fait qu'une violence de survie existe en chacun de nous à l'état potentiel, et qu'elle est susceptible d'être réveillée chaque fois que nous sentons notre existence menacée. La vie quotidienne nous offre de multiples occasions de ressentir cette menace, à des degrés divers selon la situation. Une critique acerbe venant d'un supérieur qui a tous les pouvoirs de nous renvoyer peut, par exemple, représenter un danger plus grand qu'une simple confrontation d'idées entre amis. Le sentiment que notre existence est menacée est éprouvé différemment par chacun de nous. Il n'est pas déclenché par les mêmes situations ni vécu avec la même intensité par chacun. Quelqu'un peut être anéanti par une simple remarque sur sa coiffure et y réagir violemment, alors que quelqu'un d'autre peut encaisser plusieurs critiques de fond sans se sentir menacé, parce qu'il les reçoit comme des commentaires constructifs et utiles. Un individu donné peut même se sentir menacé alors que personne ne l'attaque dans la réalité. Si chacun de nous ressent la menace différemment et avec une intensité toute personnelle, chacun de nous compose également de manière différente avec sa violence instinctuelle.

L'ÉDUCATION PERMET DE DOMESTIQUER LA VIOLENCE

Les différences individuelles, tant dans la façon de ressentir la menace quant à la survie que dans la manière de composer avec la violence instinctuelle, dépendent de notre personnalité, c'est-à-dire de nos mécanismes de défense et de nos stratégies d'adaptation. La personnalité, quant à elle, se développe à partir des événements vécus et enregistrés par la mémoire. Elle est donc tributaire de l'histoire développementale et relationnelle de chacun. L'enfant qui s'est senti aimé et soutenu par ses parents a plus de chances de devenir un adulte relativement habile à domestiquer sa violence instinctuelle. En effet, ayant obtenu réponse à ses besoins d'amour, de sécurité et de protection durant l'enfance, période de la vie pendant laquelle la menace à la survie est la plus grande pour tous, il a appris à ressentir le monde extérieur comme foncièrement bon et peu menaçant. Parce qu'il est plus confiant, les conflits avec autrui ne sont pas ressentis comme une menace et, en retour, sa violence est moins fortement sollicitée. Il en résulte que l'agressivité soulevée par la situation de confrontation est moins intense. De plus, l'adulte qui s'est senti aimé durant son enfance a développé une meilleure estime de lui-même. Une partie de sa violence instinctuelle de survie peut alors être mise au service de l'amour de soi qui utilise celle-ci pour une saine affirmation de ses besoins dans la relation, tout en tenant compte des besoins de l'autre. Les sentiments d'amour et de reconnaissance étant dominants chez lui, ses capacités d'empathie et d'identification à l'autre qui souffre viennent tempérer son agressivité au moment d'un conflit. Il connaît aussi d'autres sentiments plus évolués et plus subtils, tels que la culpabilité, le désir de réparer, la sollicitude à l'égard de ceux qui souffrent. Ces sentiments font qu'il a moins peur de son agressivité. Il peut donc plus facilement en tolérer la présence en lui et la garder présente à sa conscience, ce qui lui permet de développer des représentations et de mener un travail d'élaboration mentale à son sujet. Grâce à ce travail, l'agressivité peut trouver d'autres voies d'écoulement, psychiques celles-là, comme le rêve, le fantasme, l'humour, la création artistique. Finalement, seule une petite partie de sa violence instinctuelle passe dans l'expression corporelle qu'il fait de la colère : expression faciale, gestuelle, intonation de la voix. Et celle-ci ne dépasse pas les bornes socialement acceptables parce que la charge est de faible intensité. L'usage de la répression se fait donc moins impératif. M. La Sagesse serait un bon exemple de ce type d'individus.

À l'inverse, l'adulte qui n'a pas trouvé de réponse à ses besoins d'amour, de sécurité et de protection durant l'enfance conserve l'idée d'un monde extérieur menaçant, et sa violence de survie demeure entière. Il craint constamment l'agression extérieure et est donc toujours sur la défensive. De plus, à sa violence de survie s'ajoute sa rage qui découle de la frustration de ses besoins d'amour. Sa tension interne, provoquée par sa violence, s'en trouve redoublée, et il possède moins de moyens pour l'évacuer. Il se trouve donc très handicapé pour composer avec elle. N'ayant pu développer la confiance en soi et l'estime de soi qui augmentent la tolérance aux critiques, tout s'apparente pour lui à une menace. Un simple regard, même le plus neutre possible, le plus petit commentaire et la remarque la plus banale deviennent des agressions faites à son intégrité. Il peut même aller jusqu'à interpréter comme une attaque une parole, un geste, une attitude qui n'en sont pas, tellement il se tient constamment sur ses gardes et s'attend toujours à être l'objet d'agression. Comme l'intensité de sa violence interne demeure forte, l'individu ressent celle-ci comme potentiellement meurtrière et, de ce fait, ne parvient pas ou très difficilement à la tolérer en lui. Il a plutôt tendance à l'évacuer aussitôt qu'il la sent monter. Les représentations n'ont alors aucune chance de se développer et la violence ne peut donc pas trouver d'issue dans l'imaginaire, ce qui pourrait le soulager.

Une amie écrivain me rapportait qu'en animant des ateliers d'écriture auprès de prisonniers ayant commis des délits violents elle avait observé à quel point ceux-ci se révélaient incapables d'imaginer des scènes de violence dans leurs productions écrites, contrairement aux personnes mieux socialisées qui se permettent plus facilement d'inventer de telles scènes. On voit ici la difficulté qu'ont ces individus à « penser » leur violence interne. Pour cette raison, ils sont souvent conduits à la décharge motrice qui, la plupart du temps, survient impulsivement et de façon incontrôlable.

M. Presto pourrait être un exemple de ce type de personnes. C'est pourquoi Françoise Dolto disait que l'être humain est condamné à vivre ce qu'il ne parvient pas à imaginer.

ÉTOUFFER SA COLÈRE À S'EN RENDRE MALADE

Pour vivre en société, tout un chacun doit être en mesure de maîtriser l'expression de sa violence instinctuelle. Comme nous venons de le voir toutefois, certaines personnes sont mieux outillées que d'autres pour ce faire parce qu'elles ont la possibilité de trouver des voies d'expression variées à leur agressivité : rêve, fantasme, recours à l'imaginaire, travail psychique, etc. Quand elles n'ont d'autre choix que de recourir à la répression, celle-ci est en général temporaire. Une fois sorties de la situation dans laquelle elles ont dû réprimer leur agressivité, elles se permettront de vivre celle-ci et compléteront l'évacuation de la tension qu'elles ressentent par un travail mental. Un usage modéré du mécanisme de répression, surtout s'il est couplé à un travail psychique, s'avère donc peu nocif pour la santé physique puisqu'il ne contribue pas à l'accumulation de la tension interne.

Certaines personnes, bien qu'elles soient capables d'un travail psychique sur leurs pensées et émotions, ne parviennent cependant pas à l'utiliser de façon efficace parce qu'elles font quand même un usage excessif du mécanisme de répression de l'agressivité. Pensez à M. Timoré. C'est le cas, notamment, lorsque des principes religieux ou moraux très stricts, généralement parce qu'ils ont été mal compris, interdisent toute forme de pensée et d'émotion agressive. Les personnes aux prises avec de tels principes, dès qu'elles ressentent de la colère, la condamnent sur-le-champ et la répriment. Ce faisant, elles empêchent leurs pensées de s'élaborer, ce qui bloque le travail de leur imaginaire. L'énergie physique de l'émotion ne peut donc pas se transformer en énergie psychique. Par conséquent, l'usage régulier de la répression de l'émotion conduit à une accumulation de tension qui constitue un nid idéal pour le développement de futures somatisations. Les personnes n'ayant pas eu la chance d'obtenir de réponse à leurs besoins d'amour, et qui, par conséquent, demeurent aux prises avec une forte charge de violence interne, vivent en société comme les autres, et sont donc aussi contraintes à domestiquer leur violence. Mais comme elles sont privées de la panoplie de moyens permettant d'en détourner le cours, elles n'ont plus que la répression pour en empêcher l'expression destructrice. Elles doivent donc, elles aussi, recourir plus souvent à la répression et de façon plus intense puisque la charge agressive qui tente de s'exprimer est plus grande. Ces personnes risquent également plus que d'autres de développer des maladies physiques.

Un eczéma répulsif

Je me souviens d'une cliente devenue accidentellement enceinte au début de la quarantaine alors qu'elle terminait des études tardives longtemps désirées et qu'elle se préparait à s'engager dans une nouvelle carrière qui l'intéressait vivement. L'arrivée de cet enfant contrecarrait ses projets, mais, comme ses principes moraux lui interdisaient l'avortement, elle avait finalement décidé de garder l'enfant au risque de réprimer fortement ses émotions de colère et de rejet que condamnait également sa morale. Son agressivité n'en existait pas moins pour autant, si bien qu'elle appréhendait sans cesse, par un geste qui lui aurait échappé, de blesser son enfant. Peu après la naissance de ce dernier, elle développa ainsi une phobie des couteaux, car elle ne se faisait nullement confiance et craignait de ne pouvoir retenir un geste maladroit. Puis un eczéma virulent apparut sur ses seins, lui rendant l'allaitement si douloureux qu'elle dut l'interrompre. En s'interdisant de ressentir et de penser sa colère et son rejet de son enfant, elle empêchait son psychisme de faire son travail de transformation. Son corps s'est donc retrouvé seul à encaisser le surplus de tension et a développé ce symptôme qui exprimait à sa façon le rejet. Si elle s'était autorisée à vivre sa colère et sa déception sans se condamner, si elle s'était permis de l'exprimer, sans doute aurait-elle pu trouver des façons de ne pas mettre son rêve de côté tout en faisant une place à l'enfant. Son corps en aurait été soulagé et n'aurait pas eu à développer ce symptôme.

Un cœur qui explose de colère

La nouvelle de Stefan Zweig (1983) intitulée *Destruction d'un cœur* donne un autre bel exemple du mécanisme de répression. Cette fiction met en scène un père incapable d'accepter de voir sa fille bien-aimée grandir et avoir des relations sexuelles avec d'autres hommes. Il en conçoit une colère immense qu'il s'efforce de réprimer. Avec l'intuition fine de l'écrivain, Zweig nous amène dans les méandres des pensées intimes de cet homme. Au fur et à mesure que le récit progresse, on voit comment la répression de sa colère le conduit peu à peu à l'insensibilité affective, au blocage de la pensée, et finalement à la somatisation ultime, l'infarctus qui l'entraîne dans la mort.

Parce que nous vivons en société, il n'est pas toujours possible d'éviter de réprimer son agressivité. Cependant, lorsque cela s'avère inévitable, une bonne hygiène mentale voudrait que l'on trouve par la suite d'autres issues à l'émotion. La pratique régulière d'une activité sportive peut aider à évacuer la tension au fur et à mesure. Mais dans les situations où la colère est particulièrement sollicitée, cela peut s'avérer insuffisant. C'est ici que le travail de l'imaginaire devient un outil de prévention particulièrement précieux.

9
Nulle autre issue que la maladie

Toutes les larmes que je n'avais pas pleurées et n'avais pas voulu pleurer au cours de ma vie se seraient amassées dans mon cou et auraient formé cette tumeur parce que leur véritable destination, à savoir d'être pleurées, n'avait pas pu s'accomplir.

FRITZ ZORN, *Mars*

Une autre émotion souvent difficile à tolérer est la tristesse, surtout dans ses formes extrêmes comme la dépression ou encore le désespoir qui mène au découragement et à la perte du désir de vivre. Laisser aller ses pensées quand on éprouve de tels sentiments est d'autant plus difficile, notamment à cause de l'intense solitude qui va de pair avec eux. Lorsqu'on n'y parvient pas, les symptômes physiques qui accompagnent habituellement la dépression peuvent s'aggraver et conduire au développement d'une maladie grave. Par quels mécanismes et à quelles conditions la dépression peut-elle atteindre ainsi la santé du corps ? C'est ce que nous allons voir.

LE CORPS EN DÉPRESSION

La plupart du temps, on reconnaît une personne déprimée à certaines manifestations psychologiques. Son humeur change, elle devient morose, triste, et elle pleure souvent. Elle se plaint d'un manque de motivation, dit que tout lui pèse, même ce qui l'intéressait jusqu'à présent. Elle n'arrive plus à remplir ses tâches quotidiennes parce qu'elle est souvent envahie par un sentiment d'échec et d'inutilité, qu'elle a tendance à s'accabler de reproches, à se sentir coupable de tout et à se dévaloriser pour tout. Cette image négative qu'elle a d'elle-même l'amène souvent à nourrir des idées suicidaires. Ses relations sociales aussi sont affectées. Elle a tendance à s'isoler et à ne pas s'ouvrir à ce qu'elle vit intérieurement.

Outre ces manifestations psychologiques, la dépression s'accompagne souvent de symptômes physiques. Certains sont manifestes et s'apparentent à des troubles fonctionnels comme la perturbation du sommeil, des maux de tête, une perte d'appétit et de poids, de la fatigue, parfois même certains troubles digestifs. D'autres ne sont pas observables, mais ont été clairement identifiés par des recherches scientifiques. Des recherches portant sur le fonctionnement cérébral de personnes déprimées ont, par exemple, noté une baisse de sérotonine, l'un des nombreux neurotransmetteurs impliqués dans le passage des influx nerveux entre les neurones, dans le cerveau.

La baisse de combativité devant la maladie

La dépression semble aussi avoir un impact non négligeable sur le fonctionnement physiologique général. Plusieurs études portant sur des personnes atteintes d'un cancer ont ainsi fait ressortir qu'une attitude démissionnaire et défaitiste devant la maladie influence négativement le processus de guérison. Les personnes dépressives adoptent souvent une telle attitude lorsqu'elles sont confrontées à l'annonce d'une maladie grave. Cette observation a conduit certains chercheurs à émettre l'hypothèse que le cancer se présenterait avec une plus grande incidence chez les gens à tendance dépressive. Ces recherches ont toutefois été démenties par d'autres. On ne peut donc inférer à coup sûr qu'une personne dépressive courrait plus de risques de développer un cancer qu'une autre. La fréquence des observations de ce type invite cependant à considérer que la dépression, et surtout l'attitude défaitiste devant la maladie, font partie des facteurs qui risquent de compliquer le processus de guérison de cette maladie comme de bien d'autres.

On sait par ailleurs, grâce aux résultats de nombreuses recherches portant sur l'immunité, que l'humeur dépressive affecte l'efficacité du système immunitaire qui devient alors moins alerte et moins vigilant. Une personne déprimée est donc plus sujette qu'une autre à attraper virus, microbes, bactéries, et à développer une maladie. À partir de ces observations, d'autres recherches impliquant le système immunitaire ont posé elles aussi la question des liens entre cancer et dépression, mais sous un angle différent. Elles ont démontré que des facteurs immunologiques, notamment une baisse de vigilance des cellules tueuses chargées de détruire les cellules anormales dans l'organisme, étaient en cause dans le développement des tumeurs cancéreuses. Une plus grande incidence de cette déficience immunitaire chez des individus ayant vécu un deuil récent et y réagissant par des sentiments de désespoir et des comportements d'isolement social a également été observée.

Ces recherches permettent de mieux comprendre pourquoi les études portant uniquement sur les liens entre dépression et cancer étaient parvenues à des résultats apparemment contradictoires. C'est qu'elles ne tenaient pas compte de la distinction entre une *tendance dépressive* caractéristique d'un type de personnalité, l'apparition d'une *dépression* cliniquement diagnostiquée avec son cortège de symptômes tant psychologiques que physiques, et le *sentiment de désespoir* qui représente un cran de plus dans l'intensité et la gravité de la dépression. Les recherches en immunologie montrent en effet que la baisse de vigilance des cellules tueuses se produit lorsqu'il y a conjonction de *plusieurs facteurs*. Il faut qu'il y ait d'abord présence d'un événement traumatisant tel qu'un deuil ou une perte importante, qui entraîne une dépression. Celle-ci doit être accompagnée de sentiments d'impuissance donnant à la personne l'impression qu'elle se trouve dans une impasse. Le choc, et surtout le sentiment de ne pouvoir s'en défendre, conduirait au désespoir et se traduirait par de brusques modifications du système immunitaire qui pourraient favoriser le développement de maladies, en particulier du cancer. Toute dépression ne présente donc pas le risque d'engendrer un cancer ou une maladie physique grave. À la dépression doit s'ajouter le sentiment de se trouver dans une impasse et un désespoir majeur.

MA SEULE PORTE DE SORTIE : MOURIR

Se sentir dans une impasse signifie que l'on se trouve dans une situation intolérable, soit une situation à laquelle on a le sentiment de ne pouvoir échapper tout en étant dans l'incapacité d'y changer quoi que ce soit. Sans moyen ni de modifier la situation ni de la fuir, l'individu se sent prisonnier, impuissant et dévalorisé. Si la situation perdure, ces sentiments peuvent se transformer en désarroi. L'individu s'enfonce alors dans la détresse et se désespère chaque jour un peu plus. Pris de panique, il peut demander de l'aide, mais son sentiment d'urgence intérieur le porte à le faire avec un tel acharnement et avec une telle exigence de solution immédiate qu'aucune aide proposée ne lui semble adéquate. Il a au contraire l'impression d'être incompris et se sent de plus en plus prisonnier. Il se met alors à repousser toute forme de secours et s'isole des autres. De ce fait, ses sentiments deviennent encore plus intolérables et il cherche à s'en défendre en les ignorant. Il se montre de plus en plus insensible et coupé du monde. Ce lent glissement dans la désespérance couplé à l'isolement social conduit presque à coup sûr à une désorganisation généralisée de toute la personne. Non seulement l'humeur est affectée, mais le fonctionnement corporel est atteint. Peut alors s'installer une maladie mortelle qui, si quelque chose d'ordre affectif et relationnel ne se produit pas pour en infléchir le cours, se montrerait réfractaire à tout traitement médical et conduirait l'individu à la mort, parfois de façon fulgurante.

Pour être qualifiée d'impasse, une situation doit répondre à certaines caractéristiques. Voyons lesquelles.

Impasse réelle ou subjective ?

C'est la subjectivité de l'individu confronté à une situation difficile, bien plus que l'objectivité du caractère pénible de la situation, qui détermine s'il s'agit ou non d'une impasse. Le sentiment d'être prisonnier d'une conjoncture invivable est avant tout une question de perception. Une situation pénible peut apparaître sans issue à une personne, alors qu'une autre la ressent comme difficile mais non insurmontable. Une troisième personne pourrait y voir un défi stimulant. Encore une fois, l'imaginaire fait ici toute la différence. Pensons par exemple aux individus emprisonnés dans des camps de concentration. Objectivement, il s'agit d'une situation intolérable particulièrement susceptible d'être ressentie comme une impasse. Bien des gens ont péri dans ces camps parce que le désespoir les a rendus incapables de lutter. Pourtant, certaines personnes y ont malgré tout survécu, entre autres parce qu'elles ont su garder espoir grâce à leur imaginaire. Il ne faut pas juger du caractère potentiellement morbide d'une situation uniquement à partir des caractéristiques objectivement observables. Celles-ci comptent, mais c'est sans doute autant la façon dont la situation est subjectivement perçue par l'individu qui la subit qui importe. Chacun d'entre nous sait de façon intuitive quelles sont ses limites et ce qu'il peut ou non tolérer.

Les facteurs influençant la perception subjective de l'impasse

Jean-Charles Crombez, dans *La Guérison en écho* (1994, p. 156-163), identifie quatre facteurs subjectifs favorisant le sentiment d'être dans une impasse. Je résume la description qu'il fait.

L'impossibilité de quitter, de se séparer

Une personne peut se sentir dans une impasse lorsque, mal à l'aise au sein d'un groupe d'appartenance, elle n'entrevoit aucune solution de rechange. Il peut s'agir, par exemple, de son groupe familial où elle ne se sent pas reconnue pour ce qu'elle est, d'un groupe d'amis avec qui elle ne partage pas les mêmes valeurs ni les mêmes intérêts, d'une situation conjugale insatisfaisante, d'un emploi où elle a le sentiment que ses talents sont ignorés. Pour qu'une telle situation soit vécue comme une impasse, il faut que le malaise ressenti à l'intérieur du groupe soit suffisamment important pour être intolérable, et que la personne ne connaisse aucun autre groupe qui pourrait l'accueillir. Quitter la famille, le groupe d'amis, le conjoint ou le milieu de travail la précipiterait dans une grande solitude, voire un vide relationnel qui la plongerait dans le désarroi. Habituellement, la seule idée de quitter ce milieu ou cette situation, si intolérable soit-elle, provoque un sentiment de panique intense parce que la personne craint de ne pas pouvoir survivre à cette séparation. Partir équivaut à mourir. Pourtant, rester dans son groupe lui apparaît tout aussi étouffant, voire mortifère. La personne se trouve donc en situation d'impasse : rester, c'est mourir ; mais en sortir, c'est aussi s'exposer à la mort.

L'impression d'impasse dépend ici du sentiment qu'a l'individu d'être attaché de façon absolue et vitale à une personne ou à une situation par ailleurs nocive. Sans cette personne, ou en dehors de cette situation, il ne peut survivre, mais côtoyer celle-là, ou rester dans celle-ci, est trop douloureux. Si l'individu ressent la situation de cette façon, c'est parce qu'il a la conviction de ne pouvoir survivre par lui-même et qu'il se croit incapable de tirer son épingle du jeu par ses propres moyens. L'autre, parent, conjoint, employeur, même s'il est vécu comme nocif, est ressenti comme indispensable et le seul pourvoyeur de vie possible. Cette impossibilité à se percevoir comme un individu adulte et en possession de ses moyens dénote une grande dépendance due à un trouble de l'identité. La personne ignore qui elle est et quelles sont ses forces, et elle se lie aux autres en attendant d'eux qu'ils la fassent vivre.

J'ai connu une cliente d'une trentaine d'années qui s'est vue forcée, pour des raisons financières, de retourner vivre chez ses parents après un séjour de quelques années en appartement. Elle a vécu ce retour en arrière comme un échec à pouvoir s'organiser par elle-même. De plus, l'atmosphère familiale, qui s'était détériorée pendant les années où elle avait vécu à l'extérieur, générait en elle de fortes tensions. Elle se sentait incapable, bien plus affectivement que financièrement, de quitter les siens parce qu'elle avait avec eux ce type de lien de dépendance extrême faisant que la vie est impossible parmi eux et la survie sans eux impensable. Peu de temps après son retour dans ce milieu familial, elle a développé une allergie alimentaire qui s'est manifestée par des troubles intestinaux. Curieusement, elle était devenue allergique aux aliments qu'elle aimait le plus. Eux aussi, tout comme sa famille, étaient à la fois aimés et haïs !

L'attachement extrême et exclusif aux choses et aux personnes

La même grande dépendance peut entraîner quelqu'un dans une impasse pour une tout autre raison. La personne n'a pas ici, comme dans la situation précédente, le sentiment d'être incapable de quitter un groupe ressenti comme nocif. Elle est dans un lien affectif avec une personne, un animal ou même une chose si fort qu'elle le ressent comme vital pour elle, au point que la disparition de cette personne, de cet animal ou de cette chose lui apparaît totalement impensable. L'être aimé est perçu comme la source de sa propre vie, la seule dispensatrice d'amour.

Lorsqu'un lien prend une telle importance vitale, on dit qu'il est *fusionnel* parce que la personne qui le vit se sent elle-même incomplète, incapable de survivre par ses propres moyens et qu'elle a l'impression très prégnante de tirer toute sa vitalité de la force de l'autre. En être séparé lui est impensable puisqu'elle est convaincue de ne pas pouvoir survivre sans l'autre. Elle aurait alors le sentiment d'être amputée d'une partie vitale de son être. Lorsque quelqu'un est attaché de façon fusionnelle à l'être aimé, toute séparation d'avec celui-ci provoque une blessure intense qui le plonge dans le désespoir. Et s'il n'est plus possible de retrouver la personne perdue, comme c'est le cas lors d'un décès, le sentiment de se trouver dans une impasse peut se développer. C'est ce qui explique que certains deuils soient impossibles à surmonter, que la mort d'un animal de compagnie précipite quelqu'un dans une dépression profonde et mortifère, que la perte d'un emploi auquel la personne s'identifiait suscite en elle un sentiment d'échec paralysant accompagné d'une dévalorisation extrême. Il arrive que ces personnes consultent en psychothérapie. Elles développent alors avec leur thérapeute le même genre de relation fusionnelle. Pour leur éviter l'impasse qui mènerait à une thérapie interminable, l'objectif thérapeutique doit viser à aider ces personnes à découvrir leur propre identité. Leur réaction au deuil vient en effet de leur ignorance de ce qu'elles sont et de leurs propres forces, ainsi que de leur perception idéalisée et irréaliste des forces de l'autre. Ces thérapies sont en général très longues, car c'est toute l'estime de soi qui est à reconstruire.

L'idéal irréalisable

Vous connaissez peut-être de ces personnes qui, insatisfaites de leur situation professionnelle ou de couple, décident de faire quelque chose. Elles changent d'emploi, quittent leur conjoint et en trouvent un autre. Le problème vient de ce qu'après un certain temps le même sentiment d'insatisfaction réapparaît, si bien qu'elles modifient de nouveau leur environnement. La même chose peut se répéter plusieurs fois sans que ces personnes parviennent pour autant à trouver ce qu'elles cherchent. Elles vont ainsi d'insatisfaction en insatisfaction. Après plusieurs tentatives infructueuses pour améliorer leur sort en agissant sur l'extérieur, elles finissent généralement par se sentir épuisées physiquement, deviennent désabusées et développent des sentiments hostiles envers leur entourage qu'elles perçoivent comme toujours aussi décevant.

Il s'agit souvent d'individus dont les idéaux sont trop élevés, et par le fait même irréalistes. Ils ne savent pas composer avec l'imperfection inhérente à la vie et sont à la recherche de la perfection. Pour eux, tout ce qui n'est pas parfait est irritant et devient vite insupportable ; une situation relativement satisfaisante, même si elle présente certains inconvénients, est une situation dont ils ne peuvent s'accommoder. Or, s'ils maintiennent les idéaux inatteignables qu'ils poursuivent, et surtout s'ils croient que les imperfections du milieu sont le reflet de leur incapacité à le modifier, donc de leur incompétence, leur quête toujours déçue peut les conduire au désespoir et à l'impasse. C'est alors que le danger de la maladie les guette, à moins qu'un travail psychique les amène à accepter les imperfections humaines, y compris leurs propres limites, sans qu'ils se sentent invalidés pour autant.

L'insuffisance du fonctionnement psychique

Le sentiment de se trouver dans une impasse est tributaire de la perception subjective de chacun. Crombez estime en ce sens qu'il est proportionnel à la plus ou moins grande capacité d'un individu à résoudre psychiquement les situations problématiques. Ce sentiment surviendra donc d'autant plus souvent que l'individu se trouve dans l'incapacité de résoudre, par un travail d'élaboration mentale, les situations conflictuelles auxquelles il est confronté. Moins quelqu'un est apte à faire ce travail, plus il aura tendance à se sentir plus fréquemment et plus facilement prisonnier d'une situation sans issue.

Je vais dans le sens de Crombez bien que, selon moi, la déficience de la fonction imaginaire soit le facteur le plus déterminant. À mon sens, elle intervient dans les trois situations précédemment décrites. En effet, c'est toujours l'impression de tourner en rond, de ne pas parvenir à trouver une solution permettant de sortir de l'impasse, qui précipite l'individu dans le désespoir. Il ne parvient pas à envisager la situation avec un autre regard parce qu'il se trouve prisonnier des automatismes de pensée inscrits dans sa mémoire affective. Le désespoir résulte du sentiment d'impuissance produit par une grande frustration. L'impasse et le désespoir cachent par conséquent une accumulation de colère intérieure qui ne trouve pas de voie d'écoulement parce que la personne s'empêche de la ressentir en raison de sa trop grande dépendance. C'est cette accumulation de tension qui peut conduire au développement d'une maladie.

UNE DÉPRESSION BIEN CACHÉE

Dans un chapitre précédent, j'ai mentionné que le blocage de la fonction imaginaire découlait souvent d'un usage excessif du mécanisme de la répression. À force de toujours étouffer ses émotions, l'individu en vient à ne même plus être en mesure de les identifier. J'ai parlé de ces personnes qui ne trouvent pas les mots pour exprimer ce qu'elles ressentent. Elles sont incapables de distinguer entre colère, tristesse, déception, nostalgie, peur. La seule chose qu'elles arrivent à exprimer est qu'elles se sentent mal. Disant cela, elles désignent un malaise physique (serrement dans la poitrine, chaleur soudaine, palpitations, spasme du diaphragme, etc.), mais ce dernier ne se traduit pas en émotion. Si quelqu'un leur dit: « Vous êtes en colère », elles le nieront avec énergie, non pas parce qu'elles ont honte de l'avouer, mais tout simplement parce qu'elles n'en ont pas conscience. C'était le cas de M. Roger Bontemps.

Quand la pensée se passe de l'émotion...

Ces personnes ont l'air de penser malgré tout. Le problème vient de ce que leurs pensées ne sont pas alimentées par l'émotion. On dit de ces pensées qu'elles sont *désaffectées*, c'est-à-dire qu'elles s'élaborent sans lien avec les réactions émotionnelles et physiologiques qui n'en continuent pas moins pour autant de survenir dans le corps. Autrement dit, ces personnes ne pensent pas avec leurs représentations mentales conscientes, préconscientes et inconscientes, mais avec leur seule pensée logique et rationnelle. Leur vie affective, qui se trouve complètement coupée de leur intellect, se déroule à leur insu. Elles apparaissent souvent comme froides et insensibles à ceux qui les côtoient. Elles se montrent indifférentes, voire méprisantes, envers les productions de l'imaginaire telles que les films, les pièces de théâtre, les romans, la poésie, la peinture, qu'elles ne comprennent pas et qu'elles jugent futiles. Par ailleurs, sur le plan purement intellectuel, elles se révèlent souvent très performantes, leur capacité de raisonnement n'étant pas dérangée par l'affectivité.

La pensée opératoire

Pierre Marty (1990), un psychanalyste psychosomaticien, désigne ce phénomène par le terme de *pensée opératoire*. Celle-ci se présente à l'observation comme orientée uniquement et de façon rigide vers la réalité tangible (n'existe que ce que l'on peut voir et prouver), un souci extrême de tout expliquer par la causalité, la logique et le raisonnement. La personne ne tolère aucune forme de pensée fantaisiste et imaginaire, pas plus que les manifestations émotives et les réactions irrationnelles. Toute pensée qui ne répond pas au critère d'objectivité est considérée comme insignifiante, ridicule, inutile et méprisable, et est automatiquement rejetée. Un tel agrippement à la logique entraîne inévitablement un appauvrissement de la capacité imaginaire puisque la personne est totalement coupée de sa vie affective. La pensée devient conformiste, rigide, répétitive et uniquement factuelle. Dans sa relation à l'autre, une telle personne ne laisse filtrer aucune émotion, aucun désir. Tout lui semble également indifférent. Sa vie relationnelle s'en trouve rétrécie. Elle connaît un grand isolement affectif, mais se coupe de la souffrance inhérente à cette solitude. Devant les autres, elle affirme que tout va bien et qu'elle est parfaitement heureuse.

Un patient m'avait été référé par son médecin à la suite d'une recrudescence de ses migraines. Il était sujet à des maux de tête violents depuis longtemps, mais ceux-ci avaient pris une ampleur et une fréquence beaucoup plus grandes depuis la maladie et surtout le décès de sa mère. Il avait accompagné celle-ci dans ses souffrances qui s'étaient prolongées sur une longue période, ce qui l'avait épuisé. Pendant ce temps, ses frères et sœurs s'étaient tenus à distance et ne lui avaient apporté aucune aide. Après le décès de sa mère, il eut la désagréable surprise de constater que cette dernière avait laissé son héritage à ses sœurs tandis que lui se retrouvait avec les dettes. Lorsque je l'ai reçu, au moment de la première entrevue, il m'a raconté toute cette histoire sans aucune émotion, comme s'il m'avait exposé le dossier d'une affaire professionnelle. Comme je lui faisais part de mon étonnement à le voir apparemment si peu affecté par tout cela, il m'a répondu sur un ton tout aussi neutre: « C'est la vie, madame! » Si l'on n'est pas sensibilisé au fait qu'une telle attitude d'indifférence et d'insensibilité résulte d'une défaillance de la pensée qui se trouve déconnectée du corps, on peut croire à de la mauvaise foi ou à une réaction dictée par l'orgueil. Or, il n'en est rien. La pensée opératoire est l'expression d'une coupure radicale entre la vie affective et l'intellect dont la personne n'a pas conscience. Pour Marty (1991), une pensée ainsi désaffectée constitue un indice diagnostique sûr selon lequel une maladie grave est imminente puisque, comme la personne n'est aucunement sensible aux signaux que lui adresse son corps, des phénomènes de désorganisation physiologique peuvent opérer à son insu pendant longtemps sans qu'elle s'en doute. Lorsqu'elle en devient consciente, les dommages sont déjà énormes et souvent irréversibles.

La dépression essentielle

Lorsqu'une personne dont la pensée est coupée de ses racines corporelles et émotionnelles se retrouve en situation d'impasse, la dépression dans laquelle elle sombre présente un caractère très différent de celle à laquelle on est habitué. Comme les pensées sont coupées des émotions, l'affect dépressif n'apparaît pas dans ce type de dépression. L'individu ne se plaint pas de ce que tout va mal, pas plus que d'être découragé, jamais on ne l'entend dire qu'il ne voit plus d'issue et qu'il pense à mourir. Il ne tient pas de propos noirs dans lesquels il se dévaloriserait et s'accuserait de tout. Il n'a pas non plus l'impression d'être un bon à rien, ni d'avoir tout raté, et ne dit pas que c'est de sa faute s'il n'arrive pas à se sortir de la situation. Autrement dit, tous les symptômes psychologiques habituels de la dépression sont absents. Son entourage, par contre, note un abaissement de son tonus vital (manque évident d'énergie). La personne abandonne peu à peu ses activités quotidiennes et se désintéresse des relations humaines. L'insensibilité contamine toutes les sphères de la vie, car ce n'est plus seulement la pensée qui est désinvestie, mais toute la vie. La personne continue pourtant à dire que tout va bien. Tout au plus admet-elle un peu de fatigue. Ses proches, au contraire, sont souvent inquiets et l'incitent à consulter, non pas parce qu'ils la trouvent déprimée, mais parce qu'ils craignent une maladie. La personne se prête à la consultation, mais sans en ressentir le besoin. Elle s'y conforme, sans plus. En réalité, elle connaît une profonde détresse, mais celle-ci travaille sans bruit, elle ne la ressent pas affectivement. Marty (1990) désigne ce tableau clinique par le terme de *dépression essentielle*, puisque le tableau clinique est celui de l'essence même de la dépression, c'est-à-dire l'abaissement ultime de l'énergie vitale, cette énergie qui nous motive à vivre, celle qui nous met en action. Il en fait un autre indice diagnostique sûr de désorganisation psychosomatique laissant présager l'apparition imminente d'une maladie.

Un cancer pour un déprimé qui s'ignore

La pensée opératoire et la dépression essentielle sont des phénomènes difficiles à observer pour quelqu'un qui n'en a pas l'habitude, d'autant plus que la personne qui en est atteinte continue à affirmer qu'elle va bien. On peut avoir une bonne idée de la façon dont la personne se présente en lisant le témoignage touchant de Fritz Zorn (1980) dans son récit autobiographique intitulé *Mars*. Fritz Zorn y raconte qu'il a développé un cancer de la gorge qui s'est généralisé par la suite. Il en est décédé à l'âge de 32 ans et son livre a été publié quelques jours à peine avant sa mort. Il en entreprend l'écriture quelque temps après avoir entamé une psychothérapie dans le but de comprendre pourquoi il était victime d'une telle maladie à un âge aussi jeune. Dans le récit qu'il fait de sa vie, l'installation progressive de la pensée opératoire et de la dépression essentielle qui aboutit au développement de la tumeur apparaît clairement. Lorsqu'il écrit ce témoignage, il a retrouvé, grâce au travail thérapeutique, une pensée plus affective que l'on sent nettement dans le ton du récit. Il est d'autant plus intéressant de voir comment il parvient à décrire le fonctionnement de sa pensée opératoire avant l'apparition de la maladie puisqu'il peut nous en parler de l'intérieur, ce que l'individu coupé de sa vie affective ne peut habituellement pas faire.

Zorn explique que la dégringolade dépressive a commencé à sa sortie de l'université où il se sentait en quelque sorte protégé et entouré. Incapable de nouer des relations affectives satisfaisantes, il avait tout de même réussi à se créer, dans ce milieu, un petit entourage social qui, malgré la pauvreté de ses échanges relationnels, lui donnait l'impression de ne pas être seul. L'obtention de son diplôme l'a obligé à quitter ce lieu sécurisant pour gagner sa vie. Vivant seul dans un appartement, loin des camarades familiers qui lui permettaient de garder l'illusion d'avoir une vie normale, il s'est alors retrouvé complètement isolé. Incapable de nouer d'autres liens, il s'efforçait de se convaincre qu'il préférait cette vie aux contacts superficiels. On voit ici à l'œuvre la pensée qui cherche à se couper de l'émotion (p. 139): «J'allais de mieux en mieux et, parallèlement, de pis en pis.» De mieux en mieux parce qu'il fuyait toute source de tension en se tenant loin de toute relation humaine, il se coupait donc de plus en plus de sa vie affective, mais de pis en pis parce que la désorganisation sourde avait commencé à se faire au plus profond de lui-même. Une grande tristesse l'envahissait en même temps, sans qu'il en comprenne le sens (p. 140):

> Je restais donc assis pendant des heures à ma table, en prenant mes repas (d'ailleurs fort bons et fort chers) et je contemplais le coucher de soleil. [...] Et voilà que j'observais comment les rayons du soleil couchant tombaient sur un tableau accroché au mur opposé et le parcouraient lentement jusqu'à ce qu'il fût à nouveau dans l'ombre et que le soleil fût couché. Une grande tristesse m'envahissait chaque fois à ce spectacle et j'avais le cœur lourd.

Pour étouffer cette tristesse, il changeait sans cesse de mobilier et de tableaux, mais c'était peine perdue: sa tristesse s'intensifiait et apparaissait plus régulièrement et plus durablement. On voit ici comment la répression est inefficace à vraiment chasser l'affect qui ne peut que revenir. Zorn se récitait à lui-même des vers tristes parlant d'une solitude infinie. En même temps, il se coupait de plus en plus de son émotion au point qu'il en est venu à ne plus sentir que la tristesse de la poésie reflétait la sienne. Il les récitait comme un automate. Il décrit ainsi cette distanciation (p. 142):

> [...] ces vers exprimaient à n'en plus finir une tristesse et une souffrance et une solitude. Je ne dirais pas que je récitais

> de propos délibéré ; ces récitations se produisaient simplement d'elles-mêmes. Je crois que la tristesse elle-même parlait par ma bouche ; [...] j'étais devenu l'instrument passif de la tristesse [...]. Je n'avais plus à réfléchir à quoi que ce fût ; il m'arrivait simplement que des paroles de tristesse étaient dites par moi. Cette attitude que j'avais, on aurait pu l'exprimer par ces paroles fatales : « C'est comme ça ».

Des symptômes de dépression essentielle (baisse du tonus vital) ont commencé à apparaître. Il ne dormait plus la nuit malgré la consommation de somnifères et d'alcool. Là encore, devant ce symptôme, il demeurait indifférent (p. 142) : « C'était comme ça. » Peu à peu, sa vie s'est rétrécie, au point qu'il n'éprouvait plus aucun désir (extinction de l'énergie vitale) (p. 143) : « Je n'avais pas de souhait à satisfaire, car je n'avais pas de souhaits. » Il n'éprouvait de sentiments pour personne et se montrait indifférent à l'amour et à la sexualité. Il ne se plaignait jamais, car il « allait toujours bien »(p. 144) : « J'allais même si continuellement bien que beaucoup de gens m'avouaient avec étonnement qu'ils se demandaient comment je pouvais aller si invariablement bien. » Devant une personne ainsi atteinte, les gens se sentent souvent très mal à l'aise. Ils la trouvent étrange et elle leur fait peur. Zorn connaissait intellectuellement son état, mais il ne le ressentait pas (p. 145-146) :

> Je savais que j'étais presque anéanti par la solitude et le manque d'amour, je savais que la frustration et la dépression remplissaient à tel point ma vie que presque rien d'autre ne pouvait y trouver place que la torture dépressive omniprésente ; je le savais, mais je ne le croyais pas. [...] C'est ainsi que je commençai à perdre de vue le fait que j'étais triste.

Puis, tout à coup, deux événements le font sombrer. Un voisin meurt subitement dans son appartement. Pour Fritz Zorn, c'est la preuve que « la mort est [entrée] dans la maison... » (p. 150). Le second choc lui vient d'un film : un homme pris de jalousie tue la femme qu'il aime. Il en tue ensuite une deuxième, avec qui il s'était lié, parce qu'il lui en veut de ne pas être la première. En voyant ce film, Zorn a un choc: il envie cet homme malgré ses deux crimes et sa condamnation, car, estime-t-il, « [il] avait été [...] bien meilleur et bien plus heureux que moi, pour cette raison qu'il avait tout de même un peu aimé la première femme. Mais moi, je n'avais encore aimé personne » (p. 151). Après cette brutale prise de conscience, le déclin est très rapide. Zorn sombre dans la dépression et le désespoir, découvrant qu'il se ment à lui-même depuis toujours. Tout lui devient pénible, il est fatigué à l'extrême. Puis... la tumeur fait son apparition. À travers ce témoignage, que je vous invite à lire parce qu'il est très touchant, on voit bien la répression à l'œuvre. Elle en vient à étouffer toute vie affective, la pensée opératoire et la dépression essentielle s'installent, puis apparaissent le sentiment de se trouver dans une impasse et le développement de la maladie mortelle.

En terminant, je voudrais encore une fois insister sur l'importance de la subjectivité. En faisant un retour sur sa vie, Zorn a acquis la certitude intérieure que son cancer découlait de toutes les larmes qu'il n'avait jamais versées et de son existence rétrécie fondée sur la peur de la vie, des relations, et sur le mensonge vis-à-vis de soi-même. Les conclusions auxquelles il arrive ne nous permettent pas d'inférer que toute personne développant un cancer le fait pour les mêmes raisons que lui. Cela a du sens pour lui, et pour lui seul, et ne peut être généralisé à aucune autre maladie et à aucun autre malade.

10
La détresse de l'enfant dans l'adulte

Ma maladie était-elle une sorte de maternité ? Elle a duré neuf mois, de février à novembre 1986. Est-ce que j'avais eu besoin de me remettre au monde ?

NANCY HUSTON,
Journal de la création

Jusqu'à présent, nous avons vu comment des maladies peuvent se développer parce que le corps se retrouve seul à encaisser le coup des tensions quotidiennes, l'imaginaire n'ayant pas pu faire son travail pour une raison ou pour une autre. L'organisme est alors plus facilement débordé et réagit par la maladie pour nous avertir que quelque chose ne va plus.

Toutes les maladies ne s'expliquent pas de cette façon. La psychosomatique est un domaine très vaste, les phénomènes observés sont nombreux et diversifiés et les théories qui tentent de les expliquer englobent de plus en plus d'éléments, ce qui augmente la complexité du sujet. Chercher à comprendre ne serait-ce que le seul fonctionnement physiologique de l'être humain est déjà un défi de taille et les sciences biologiques n'ont pas fini de faire des découvertes. Du côté du fonctionnement psychique, le champ d'études est lui aussi très étendu et, comme il se prête plus difficilement à l'expérimentation, les phénomènes encore mal compris restent nombreux. Que dire lorsqu'il s'agit de cerner les rapports qui existent entre ces deux dimensions ! Il est impossible de couvrir, dans le cadre de ce livre, la totalité des théories cherchant à rendre compte des rapports entre le corps et l'esprit. Cependant, parmi tous les phénomènes en jeu et les nombreuses théories qui cherchent à les expliquer, il en est un sur lequel j'aimerais m'arrêter un moment, car il illustre bien un aspect sur lequel j'ai souvent insisté depuis le début de ce livre, soit le rôle du psychisme et de la subjectivité dans la maladie. Nous verrons aussi qu'il est parfois possible de mettre des « mots de l'âme » sur « les maux du corps » afin de soulager un peu la souffrance. Je veux parler de maladies physiques « fabriquées » par le corps pour exprimer une souffrance d'ordre psychique enfouie très profondément dans l'histoire de l'individu. Je vous invite à me suivre dans cette étonnante aventure.

LE CORPS EN QUÊTE D'UNE ÂME

Certaines maladies surgissent parfois sans raison apparente et déroutent les médecins parce que leur apparition et leur évolution inhabituelles s'expliquent mal à partir des connaissances médicales actuelles. Je ne veux pas nécessairement parler de maladies étranges ou inconnues. Celles dont je parle, bien qu'elles se présentent parfois sous des formes spectaculaires et rares, ont généralement des visages connus et familiers. Elles peuvent être bénignes et passagères, prendre la forme d'une maladie chronique avec des périodes de crises, ou être graves au point de mettre la vie de l'individu en danger. Du seul point de vue du diagnostic, bien souvent, rien ne les différencie vraiment des autres maladies. Ce qui les distingue, c'est leur comportement déroutant face aux traitements conventionnels. Ce peut être le temps prolongé qu'elles mettent à se résorber alors que normalement l'individu aurait dû en guérir après quelques traitements, ou leur disparition soudaine à la suite d'un traitement sur lequel le médecin comptait peu, car ces maladies avaient résisté à tous les autres. Devant le comportement peu habituel des symptômes, les médecins décident parfois de prescrire des antidépresseurs ou des anxiolytiques, et ce, avec succès dans bien des cas ! Face à de telles maladies, comment ne pas se poser la question des rapports entre corps et esprit ?

De telles maladies sont susceptibles d'apparaître dans la vie de n'importe qui, mais lorsqu'elles surviennent pendant le cours d'une psychanalyse, le traitement psychanalytique rend possible une observation minutieuse de ce qui se passe tant sur le plan intrapsychique que sur celui des échanges énergétiques entre le corps et l'esprit, observation difficile à réaliser hors de ce contexte.

Ces observations ont permis à des théoriciens d'offrir une tentative d'explication.

Dans les situations présentées au cours des précédents chapitres, le corps tombait malade parce que le psychisme ne travaillait pas suffisamment pour l'aider à évacuer une tension actuelle. Dans les maladies dont il sera question ici, le psychisme est, au contraire, déjà très actif et efficace. Devant lui, le corps devient pour ainsi dire « ambitieux » et demande au psychisme de pousser plus loin son travail de transformation de l'énergie corporelle en énergie psychique. En développant un symptôme ou une maladie, il adresse un message à l'imaginaire pour le forcer à un travail d'élaboration mentale à propos d'une vieille souffrance enfouie quelque part en lui depuis longtemps, souffrance qui lui soutire beaucoup d'énergie inutilement et qui détermine pourtant en grande partie la façon d'être au monde du psychisme.

UNE DÉTRESSE INFANTILE IGNORÉE

Parmi les chercheurs qui se sont intéressés à ce phénomène, Joyce McDougall est peut-être celle qui en a parlé de la façon la plus simple et la plus accessible. Sa pensée, clairement énoncée et illustrée par de nombreux exemples cliniques, est résumée dans son livre *Théâtres du corps* (1989). Dans les pages qui suivent, je vais tenter d'en présenter les grandes lignes et de l'illustrer par des cas concrets.

Des événements mémorisés par le corps avant l'apparition du langage...

Nous avons vu, au chapitre portant sur la mémoire corporelle, que celle-ci commence à conserver des événements significatifs dès les premiers instants de la vie, y compris la période fœtale elle-même. Au cours du développement, c'est à partir de ces engrammes biologiques (sensations enregistrées dans la mémoire corporelle) que s'élaborent les premières représentations de l'enfant, de choses d'abord, de mots ensuite, et que peu à peu se construit son psychisme. Tant que le langage n'est pas développé, la pensée primitive ne possède pas de représentations de mots pour effectuer son travail de transformation psychique des inscriptions corporelles. Cela implique que toutes les expériences émotionnelles enregistrées dans la mémoire corporelle avant l'avènement du langage ne sont traduites par le psychisme que par des représentations de choses, c'est-à-dire des images, ou même simplement des sensations visuelles, olfactives, tactiles, auditives ou kinesthésiques.

... que le psychisme peut traduire

Dans la mesure où ces événements très anciens demeurent dans le domaine du tolérable en regard de la capacité de l'enfant à les contenir, des représentations de mots viendront s'ajouter à ces représentations de choses lorsque l'enfant sera capable d'utiliser le langage, ce qui complétera le travail de digestion psychique de ces émotions archaïques. Nous avons tous connu de ces expériences émotionnelles primitives telles que peurs, angoisses, colères et joies, notamment. Celles-ci ont laissé des traces dans notre mémoire corporelle. À la condition qu'elles n'aient pas été trop fortes, notre psychisme les a traduites en représentations de choses d'abord, puis en représentations de mots, donnant ainsi naissance à des chaînes associatives. Si, à l'âge adulte, nous sommes capables de nommer un sentiment de peur, de colère ou d'abandon, c'est parce qu'à notre insu notre mémoire compare l'émotion actuelle à d'autres semblables et, grâce à ces liens, remonte jusqu'aux inscriptions ayant suscité cette même émotion au cours des tout premiers mois de notre vie.

Il peut cependant arriver que certaines de ces expériences affectives soient trop pénibles pour l'enfant immature et que la charge de tension qu'elles génèrent dépasse ses capacités à les contenir. C'est le cas lorsque l'adulte qui prend soin de l'enfant est déprimé et qu'il répond à ses besoins de façon incomplète ou imprévisible ; ou encore lorsqu'un parent immature se montre incapable de prendre soin adéquatement de l'enfant, soit qu'il le laisse pleurer durant de longues périodes, le stimule trop fortement, ou aille jusqu'à le frapper. Toutes ces situations laissent l'enfant aux prises avec de trop fortes tensions internes. L'émotion (de peur, d'angoisse, de colère, d'abandon) est impossible à contenir et le psychisme naissant ne peut donc pas l'élaborer en représentations de choses. Ces expériences traumatisantes, même si elles ne sont pas traduites en représentations, sont quand même inscrites de façon indélébile dans la mémoire corporelle. Elles sont par conséquent susceptibles d'être comparées aux événements subséquents qui auront quelque rapport avec la souffrance première. Elles seront même beaucoup plus souvent sollicitées dans les comparaisons que d'autres événements moins marquants, car elles auront représenté une grande menace pour l'organisme. Mais, comme le psychisme ne les a pas traduites en représentations de choses, aucune représentation de mot ne pourra s'y associer au moment de l'avènement du langage. La prise de conscience des événements traumatisants est alors impossible puisque les outils qui auraient pu y mener n'existent pas. Ces souffrances *impensables* au sens propre du mot occupent une place stratégique dans le fonctionnement de la mémoire ; qui plus est, toute la personnalité, parce qu'elle se construit à partir de la mémoire, en sera affectée.

Lorsqu'un événement présentant une similitude avec cette souffrance enfouie et connue seulement par le corps vient l'interpeller, celui-ci prend la relève du psychisme, qui se révèle incapable de la penser, pour signifier sa présence à la conscience et inciter celle-ci à en tenir compte dans sa façon de réagir à la situation nouvelle. Cependant, comme il ne dispose pas, à l'instar du psychisme, d'images et de mots pour représenter symboliquement la souffrance, le corps en est réduit à utiliser des moyens très primaires pour accomplir sa tâche : il développe un symptôme en utilisant des sensations corporelles, puisque c'est le seul langage dont il dispose. Il peut, par exemple, déclencher une crise d'hypoglycémie (baisse de sucre susceptible d'occasionner une grande faiblesse et des vertiges) afin de simuler la sensation de chuter dans le vide qu'a éprouvée le bébé que l'adulte a laissé tomber, ou celle de défaillir qu'a ressentie le nourrisson affamé. Il peut aussi développer une inflammation sévère du nerf sciatique amenant la personne à ne plus pouvoir se porter sur sa jambe afin d'exprimer un sentiment d'abandon et le besoin d'être prise en charge, d'être portée. Si des symptômes isolés ne suffisent pas à adresser un message assez clair, le corps peut même recourir au développement d'une maladie pour attirer l'attention du psychisme sur la situation traumatisante qui a été mémorisée, mais non représentée. Il peut lui signaler une attaque extérieure anciennement ressentie comme dangereuse pour sa survie en réagissant fortement à un élément inoffensif, comme s'il s'agissait d'une substance très toxique. Pour ce faire, il peut développer une allergie alimentaire mortelle, un asthme bronchique chronique ou, pire encore, une rectocolite hémorragique (inflammation intestinale avec perte de sang). Considéré objectivement, l'aliment ingéré et le pollen respiré n'ont rien de toxique puisque la plupart des individus mangent le premier et respirent le second sans réagir. Mais dans le cas évoqué, le corps se sert de la maladie pour exprimer que quelque chose d'ordre psychique a jadis été « ingéré » ou « respiré » qui s'est avéré nocif pour l'individu.

UNE TÂCHE ARDUE POUR LE PSYCHISME

Ces maladies ne se développent pas au hasard puisque le corps les construit à partir de souffrances mémorisées qu'il cherche à faire connaître au psychisme. Ce n'est pas une tâche facile, parce que le psychisme a déjà été en contact avec cette souffrance qu'il a échoué à traduire en représentations. Lorsque le corps la lui rappelle, l'inconscient « pressent » l'ampleur de la souffrance psychique qui se cache en elle. Devant la menace de la voir resurgir comme autrefois, il va donc être porté à réagir en s'efforçant de ne pas la ressentir. Mais pour être certain d'y parvenir, comme il ne peut identifier la souffrance en question faute de représentations, il va développer une réaction de défense qui fera tache d'huile et s'étendra à toute sensation et à toute émotion. L'individu s'efforce alors de ne plus rien ressentir, et la pensée opératoire apparaît. Pour McDougall, la pensée opératoire est une réaction défensive massive mise en œuvre par le psychisme pour étouffer l'émotion, ou la sensation, qui menace de faire émerger à la conscience une trop vive douleur. Souvenez-vous de Fritz Zorn : sa pensée opératoire est apparue et s'est organisée précisément au moment où une grande tristesse l'envahissait, une tristesse qu'il s'efforçait de ne plus ressentir. Pour y parvenir, il a fallu que toute sa vie affective soit peu à peu paralysée.

Ce type de maladie protège l'identité menacée

Si cette souffrance méconnue est repoussée avec autant d'énergie par le psychisme, c'est qu'elle est perçue par l'inconscient comme une menace pour la vie même de l'individu, son droit à l'existence autonome et son identité, ce qui était effectivement le cas lorsqu'elle a été vécue. Mais, de façon paradoxale, en s'efforçant de la repousser et de l'ignorer, la personne se coupe d'une partie importante et même fondamentale de son identité puisque cette souffrance détermine fortement, bien qu'à son insu, sa façon de réagir et d'être au monde. Elle représente une partie de son identité et constitue à ce titre un élément essentiel pour sa survie, mais la personne la traite comme un corps étranger dont elle doit se départir à tout prix. Comment peut-on être en pleine possession de son identité si l'on évacue ainsi une grande part de soi ? En ignorant de la sorte une partie d'elle-même, la personne se comporte comme quelqu'un qui s'arracherait un bras, une jambe ou un organe vital sous prétexte qu'il ou qu'elle fait mal, et qui s'efforcerait ensuite de croire que son corps est entier.

C'est pour sortir le psychisme de ce paradoxe mortifère que le corps vient lui rappeler, par le symptôme physique, que quelque chose de lui s'est perdu et qu'il doit le retrouver s'il veut exister pleinement. C'est ce qui fait dire à McDougall que le symptôme corporel se présente comme une forme de protecteur de l'identité, même si parfois, et de façon paradoxale, son envergure peut mettre la vie de l'individu en danger.

Des maux de ventre précieux…

Un exemple tiré de ma pratique clinique illustre ce curieux paradoxe. Une de mes clientes souffrant d'allergies alimentaires intestinales apprenait peu à peu, en cours de thérapie, à être à l'écoute de ses maux de ventre qu'elle avait toujours jugés « mauvais » et « détestables ». Elle se surprenait de voir ceux-ci disparaître mystérieusement en cours d'entrevue, en général après avoir pleuré à chaudes larmes, souvent sans rien comprendre à cette émotion survenue sans crier gare. Chez les individus qui ont toujours traité leurs émotions comme des corps étrangers, il n'est pas rare qu'en début de thérapie celles-ci surgissent tout à coup sans raison apparente et de façon intense. Parallèlement, cette jeune femme devenait de plus en plus consciente de s'être « oubliée » toute sa vie au profit d'une sœur malade qui prenait toute la place dans la famille. Cette pénible prise de conscience ne se faisait pas sans douleur, car elle suscitait en elle une grande colère contre sa sœur, et contre sa mère qui l'avait elle aussi oubliée au profit de cette dernière. Elle réalisait l'immense solitude dans laquelle elle avait toujours vécu sans jamais la ressentir. Ces sentiments étaient d'autant plus pénibles qu'ils lui faisaient également éprouver une grande culpabilité parce qu'elle avait conscience d'aimer beaucoup sa mère et sa sœur malgré tout. Plus elle s'autorisait à prendre soin d'elle-même, à ressentir ses émotions, plus ses maux de ventre s'estompaient, comme s'ils étaient devenus inutiles. Mais chaque fois que quelque chose dans son quotidien venait un peu trop la solliciter, l'obligeant à prendre position clairement, à affirmer son existence, ce qu'elle avait beaucoup de mal à faire, la menace à son identité refaisait surface et elle se mettait de nouveau à fuir ses émotions et ses pensées, et les maux de ventre réapparaissaient…

Un jour, elle me dit à quel point ses douleurs physiques lui étaient devenues chères parce qu'elles l'empêchaient de s'oublier : « Quand j'ai mal au ventre comme ça, mon corps me dit : "Arrête de m'oublier, je suis là, prends soin de moi." » Je lui ai répondu : « Alors, il ne faut pas que je vous les enlève trop vite, ces maux de ventre, car ce serait vous tuer. » Cette intervention l'avait beaucoup frappée et l'avait aidée à comprendre pourquoi elle s'était si farouchement opposée à une diététicienne qui avait voulu la forcer à modifier ses habitudes alimentaires. Consciemment, elle voulait être soulagée de ses symptômes, mais inconsciemment elle ne voulait pas les perdre puisqu'ils protégeaient son existence propre.

Ce type de maladie cache des émotions très violentes

La prise de conscience de la souffrance non représentée mentalement présente un autre danger qui augmente la résistance du psychisme à la reconnaître. La plupart du temps, la souffrance provient d'un manque important dans la relation première avec la mère, principal objet d'amour, et survient en très bas âge. La mère, elle-même aux prises avec une profonde détresse ou une très forte angoisse, ou encore trop immature et qui se sent dépassée par les soins que requiert son enfant, peut se montrer insensible aux signaux de détresse de ce dernier. Ou bien elle n'y répond pas, ou bien elle impose ses propres besoins au détriment de ceux de l'enfant, ou bien encore elle y répond de façon inégale et imprévisible. Dans tous les cas, l'enfant qui a cherché à communiquer quelque chose de lui, de son identité, de sa souffrance, n'est pas entendu. Il reste aux prises avec une détresse terrifiante et innommable, et son psychisme immature interprète le rejet de cette partie de lui-même par la mère comme un interdit d'exister. Prendre conscience de cette détresse et de ce rejet de son être soulève toujours une rage meurtrière, soit la violence de survie évoquée précédemment, qui s'adresse à cette mère qui a mis en danger l'identité. Or, s'autoriser à se représenter une mère mortifère et surtout à ressentir envers elle une rage meurtrière constitue en soi une menace faite à la vie même puisqu'elle suppose l'envie de détruire celle qui a assuré la survie. Il se peut même que cette mère, qui a pu faillir alors que le jeune enfant en avait un besoin vital, ait su se montrer aimante et adéquate par la suite. Comment alors l'individu peut-il ressentir une rage meurtrière envers celle qu'il aime et à qui il est attaché ? C'est ce que vivait ma patiente qui ressentait ses poussées de rage comme incompréhensibles et inacceptables. Dès qu'elle sentait l'intensité de celle-ci poindre, la panique s'emparait d'elle et elle s'interdisait à nouveau de tout ressentir. Elle retombait dans son insensibilité et la douleur physique reprenait ses droits.

C'est parce qu'elles ont le pouvoir d'aider le psychisme à métaboliser une souffrance occultée que l'on peut dire que ces maladies ont une fonction de *symbolisation*. Le travail psychique qu'elles exigent est cependant énorme, car les souffrances oubliées sont porteuses de très fortes angoisses, voire de terreurs. En prendre conscience s'avère cependant nécessaire et même vital pour l'identité, car, coupé de cette partie de lui, l'individu a de la difficulté à s'autoriser à vivre pleinement, il ne parvient pas à prendre sa place, à s'affirmer sainement, à avoir des relations interpersonnelles satisfaisantes. Mais, tout en étant vitale, cette même prise de conscience suscite une souffrance morale beaucoup plus grande que la souffrance corporelle qui parlait en son nom ; c'est la raison pour laquelle le psychisme lutte désespérément pour ne pas la ressentir.

La maladie invitant à la symbolisation est une expérience subjective

Lorsque quelqu'un tombe malade, personne d'autre que lui ne peut affirmer qu'il s'agit là d'un message adressé par son corps à son psychisme. Personne non plus ne peut présumer, de par la simple observation extérieure, du sens profond de ce message, si message il y a. Quelqu'un qui connaît bien la personne malade peut pressentir que sa maladie a quelque chose à voir avec une souffrance psychique, mais il ne peut en dire le sens. Seule la personne concernée peut parvenir, par un long et difficile travail d'élaboration mentale, à identifier la détresse infantile sous-jacente à l'émergence de son symptôme, car c'est dans son corps à elle que sont inscrits les souvenirs non représentés. De plus, le sens n'apparaîtra bien souvent que dans l'après-coup de la maladie, à partir des sensations, émotions et pensées que celle-ci aura suscitées, car le travail psychique demande du temps, parfois même beaucoup de temps. Au moment de la maladie, l'urgence pour la personne est de veiller à être active dans le traitement de son corps tout en assumant la part de responsabilité qui lui revient, c'est-à-dire penser *autour* de cette maladie en laissant venir les images, les émotions qui veulent s'exprimer, même si le sens tarde à apparaître.

Détresse occultée et besoin de prise en charge

Ces vieilles souffrances en mal d'être pensées montrent souvent un véritable acharnement à se faire entendre par la voix du corps. Tant et aussi longtemps que le psychisme n'aura pas compris le message qu'elles représentent, elles continueront de lui envoyer des signaux. Ce peut être le cas, mais pas toujours, lorsque des individus sont malades à répétition. Le personnel soignant perçoit la demande de prise en charge implicite des personnes qui se retrouvent régulièrement à l'hôpital : visiblement, celles-ci viennent se reposer et faire en sorte que l'on prenne soin d'elles. Si on les renvoie trop vite à la maison, où elles sont à nouveau confrontées à la solitude, une rechute de la maladie n'est pas rare. La personne qui est toujours malade donne l'impression d'une grande vulnérabilité, mais exprime aussi beaucoup de détresse et une demande d'aide indirecte. Le corps traduit, avec ses moyens primaires, la détresse de l'enfant qui, par le biais de la maladie, est à la recherche d'une mère soignante capable de réparer la vieille blessure. Il se peut que l'individu concerné ne perçoive jamais ces maladies répétitives comme autant d'invitations à comprendre quelque chose de son identité tronquée. Il ne s'efforce aucunement de saisir le pourquoi de cette répétition, et se contente de rechercher une prise en charge et des soins dans l'actuel. Chez ces individus, les maladies risquent de se succéder les unes après les autres, pouvant aller jusqu'à mettre leur vie en danger. Bien souvent l'entourage finit par pressentir le besoin de dépendance et réagit mal à ce qu'il interprète comme de la passivité, voire de la mauvaise volonté. En réalité, la détresse est réelle, mais elle est davantage morale que physique. Si quelqu'un, dans l'entourage, peut l'entendre à ce niveau, le processus de guérison peut s'en trouver relancé, car c'est bien là que la souffrance veut se faire entendre.

Au contraire, d'autres personnes ressentent un besoin impératif de comprendre ce qui ne cesse de les plonger dans la maladie et font tout ce qu'elles peuvent pour y parvenir. Si l'effort est continu, l'individu ira peut-être aussi de maladie en maladie pendant un certain temps, mais il y trouvera chaque fois un peu plus de sens, et les risques de développer une maladie physique grave seront diminués d'autant.

Une histoire d'abandon

La somatisation qui a frappé Nancy Huston et dont elle a parlé dans son *Journal de la création*, symptôme physique qui a été suivi d'un épisode psychotique un an plus tard, me semble être un exemple de l'une de ces maladies invitant à la symbolisation de la souffrance. Si je me permets d'affirmer une telle chose, c'est qu'elle-même le pressentait. C'est même cela qui l'a poussée à entreprendre l'écriture de son journal. Dans celui-ci, elle voulait comprendre pourquoi ces deux maladies, l'une physique, l'autre psychique, l'avaient terrassée à un an d'intervalle. Elle sentait que celles-ci parlaient d'une lutte entre son corps et son esprit, et avait l'intuition que ces deux épisodes de maladie étaient reliés et avaient quelque chose à voir avec ses préoccupations concernant les liens entre la maternité et la création artistique.

Dans le récit qu'elle fait de cette longue démarche réflexive, on voit à l'œuvre les avancées et les reculs de sa pensée, les défenses contre l'émergence du sens, et le désir, voire le besoin, tout aussi acharné de le découvrir. Je n'entrerai pas dans tous les détails de sa démarche pour ne pas trop alourdir ce chapitre, car plusieurs chaînes associatives sont en cause et les méandres qu'emprunte sa pensée sont nombreux. Pour analyser en profondeur ce travail d'élaboration mentale, il faudrait y consacrer tout un livre. Je me contenterai donc ici de le résumer en ne conservant que les éléments qui conduisent à la blessure d'enfance, au risque de l'amputer de parties intéressantes.

En février 1986, alors qu'elle venait de terminer une série d'émissions radiophoniques portant sur des couples d'écrivains, elle est soudainement terrassée par un étrange symptôme : une espèce d'engourdissement qui insensibilise tout le bas de son corps. Les médecins diagnostiqueront une infection de la moelle épinière d'origine inconnue. Comme le symptôme progresse du bas vers le haut, on craint qu'il ne gagne les organes vitaux et on l'hospitalise. Elle note ses sentiments et son état d'esprit d'alors. Plus son corps s'engourdissait, plus elle était joyeuse. Sa joie atteint un sommet quand le neurologue décide de la garder à l'hôpital. Elle comprend que l'hospitalisation lui permet de lâcher prise et de se laisser prendre en charge. Depuis un bon moment, en effet, elle se sentait débordée et épuisée : sa fille était malade, son conjoint dépressif, et le chauffage avait manqué dans leur appartement. Elle avait le sentiment que tout reposait sur ses épaules et elle n'avait plus la force de tout porter. Mais elle se sentait responsable et ne pouvait pas se permettre de laisser faire. Elle avait donc réprimé toutes ses émotions et faisait comme si tout allait bien. La maladie physique lui procurait ainsi une bonne raison d'arrêter. Au fond, elle était depuis longtemps en détresse psychologique, mais elle luttait contre sa dépression parce qu'elle la condamnait. La maladie physique est souvent plus facile à tolérer que la détresse psychique parce qu'elle est plus concrète, moins floue. La dépression, le sentiment d'être au bout de son énergie, l'épuisement moral semblent souvent injustifiés aux yeux de la personne qui exige d'elle-même une performance parfaite, dépassant ses capacités.

À l'hôpital, la progression de l'insensibilité cesse presque immédiatement. Comme Nancy Huston est arrêtée malgré elle, son corps n'a plus besoin de la forcer à le faire. Elle essaie alors de mettre des images mentales sur son symptôme physique. Elle se décrit comme étant en train de devenir un arbre, l'intérieur étant de bois, l'extérieur d'écorce, et ses pieds représentant des racines tordues. Or, ce qui est intéressant ici, c'est que Nancy Huston est une déracinée. Native du Canada, elle a émigré en France où elle habite depuis. Par ce symptôme, son corps voudrait-il la forcer à repenser à ce dont elle s'est coupée en émigrant ? Curieusement, c'est un ami proche qui fait ce lien bien avant elle… L'autre image qui lui vient en tête la ramène au souvenir d'enfance déjà évoqué : les longues après-midi de luge ou de patinage, à l'issue desquelles elle avait des gelures douloureuses aux orteils. La voilà ramenée à une souffrance de petite fille. Est-ce de cette souffrance dont elle se serait coupée en émigrant ? Notez la chaîne associative : souffrance – insensibilité – enfance – déracinement.

L'insensibilité physique, celle de la myélite comme celle de l'engelure, renvoie à une douleur corporelle, mais elle en masque une autre, psychique celle-là ; être insensible signifie en effet ne pas avoir d'émotions… Quelle est donc cette souffrance morale dont lui parle son corps, mais qu'elle ne veut pas ressentir ? Pourquoi, lorsqu'elle était enfant, ne rentrait-elle pas se réchauffer quand elle sentait le froid la paralyser ? Pourquoi ne s'arrête-t-elle pas quand elle sent venir l'épuisement à l'âge adulte ? Autrement dit, pourquoi oblige-t-elle son corps à s'insensibiliser ? Voyons ce qui suit. À l'hôpital, à l'arrêt de la progression du symptôme succède un épisode d'hypersensibilité : le moindre contact avec sa peau, y compris celui, constant, du pyjama, l'irrite. Voilà un autre message de son corps qui ne laisse pas son esprit tranquille : l'insensibilité antérieure endormait-elle une douleur qu'une trop grande sensibilité vient à présent réveiller et rendre intolérable ? Dans l'enchaînement de ses pensées, elle remarque alors que cette hypersensibilité est la même que celle qu'elle avait prêtée à l'héroïne d'un roman écrit deux ans plus tôt. Son écriture l'avait précédée ! Il arrive souvent que les romanciers écrivent ainsi sous la dictée de l'inconscient avant même de prendre conscience de ce dont ils parlent. Ce qui s'est écrit à leur insu stimule le travail psychique, et il n'est pas rare que la prise de conscience suive. Ici, l'écriture du roman a ouvert la voie à une souffrance d'enfance oubliée qui cherche maintenant, par le biais du symptôme physique, à se faire reconnaître. Nancy

Huston pense à ce roman et note qu'il portait sur la douleur d'une séparation. Son héroïne, jeune fille hypersensible, vit dans un univers délirant. L'écrivain remarque avec justesse que cet univers sera le sien trois ans plus tard lorsqu'elle fera un épisode psychotique. Elle réalise que, consciemment, elle avait voulu écrire l'histoire de la séparation d'un couple, mais que son « inconscient s'est emparé de l'occasion pour écrire, tout seul, un sous-texte terrifiant : l'histoire d'une séparation tragique entre une mère et sa fille » (2001, p. 144).

Remarquez que la chaîne associative commence à faire émerger du sens : insensibilité pour ne pas ressentir une plus grande souffrance, morale celle-là, d'origine infantile, qui parle d'une séparation d'avec la mère. L'émigration, séparation radicale, a-t-elle servi à mettre une grande distance entre elle et cette souffrance, comme la répression de ses émotions avait tenté de repousser sa détresse ? Mais on ne se débarrasse pas ainsi de ce qui fait mal. Son corps lui rappelle qu'elle ne peut pas vivre « déracinée », c'est-à-dire coupée d'une partie d'elle-même. Par son symptôme, il l'enracine de force (l'image de l'arbre) pour l'obliger à y penser. Puis il lui signifie, en la rendant hypersensible, qu'elle doit faire face à cette souffrance, même si celle-ci doit lui faire très mal, si elle veut être en pleine possession de son identité.

Ses associations l'amènent peu à peu, et malgré toutes sortes de stratégies défensives qui cherchent à l'en faire dévier, jusqu'à un souvenir d'enfance très douloureux. Elle a huit ans quand sa mère abandonne toute la famille. Quelque temps auparavant, ses parents avaient vécu des conflits conjugaux importants. Sa mère, fatiguée d'être une femme à la maison, avait repris ses études puis s'était mise à travailler. Elle avait ensuite entamé une procédure de divorce, puis s'était « sauvée à l'autre bout du monde » (p. 222) (comme sa fille le fera plus tard...). Nancy Huston écrit (2001, p. 222) : « Ma myélite était-elle une dernière tentative désespérée pour la faire "revenir" ? Un dernier appel à l'aide ? » En comparant son histoire à celle d'autres femmes écrivains, Nancy Huston conclut que cette séparation d'avec sa mère l'a laissée avec une intense culpabilité vis-à-vis de son désir de se rapprocher de son père sur le plan intellectuel et de rejeter la mère et la féminité. Elle associe la lutte entre son corps et son esprit à cette culpabilité, pensant que ses symptômes auraient exprimé un conflit entre sa féminité et l'identification à la mère, d'un côté, et le désir de « rejoindre » son père par ses activités intellectuelles, de l'autre. Vers la fin de son journal, son impression d'être guérie et son sentiment d'avoir retrouvé une unité témoignent du fait que l'interprétation de ses maladies à laquelle elle est parvenue est ressentie comme vraie par sa subjectivité. Il arrive souvent qu'au terme d'un travail psychique long et difficile qui permet de donner du sens à ce que la maladie a d'insensé la personne ressente, tout comme Nancy Huston, une force nouvelle. Celle-ci provient de l'impression d'avoir récupéré des parties de son identité qui étaient auparavant éparses. De ce fait, l'identité se trouve renforcée parce qu'elle a retrouvé une partie importante d'elle-même… jusqu'à la prochaine tension. Le travail d'élaboration mentale procède en effet par couches successives : il récupère d'abord les souvenirs les plus récents pour remonter ensuite vers les traces mnésiques les plus profondes, celles qui n'ont jamais été représentées. Même si la personne a le sentiment d'avoir enfin compris quelque chose à sa souffrance, cela n'empêche pas la vie de continuer et de susciter constamment des tensions qui obligent le psychisme à approfondir son travail. Ces expériences viennent solliciter à leur tour les mêmes chaînes associatives jusqu'à ce que la souffrance occultée soit symbolisée.

Le livre de Nancy Huston s'achève sur un rêve d'angoisse, preuve que quelque chose trouble encore son être. Son travail psychique l'a conduite au souvenir d'une expérience traumatique qu'elle a vécue à l'âge de huit ans. Le sens qu'elle en dégage appartient sans doute au vécu affectif de la petite fille qu'elle était alors, mais il s'agit probablement d'une couche intermédiaire sous laquelle se loge une souffrance plus ancienne qui concerne elle aussi une séparation douloureuse d'avec la mère, mais à laquelle elle n'a pas encore accès. En effet, quand la trace mnésique prend ainsi la voie du corps, c'est qu'elle remonte à une époque prélangagière.

Nancy Huston écrit d'ailleurs dans son journal, sans toutefois revenir à cette association dans son travail psychique ultérieur: « Ma maladie était-elle une sorte de maternité? Elle a duré neuf mois, de février à novembre 1986. Est-ce que j'avais eu besoin de me remettre au monde?» (p. 105). Pourquoi aurait-elle eu besoin de se remettre au monde sinon pour retrouver un vécu datant des premiers moments de la vie? Bien entendu, elle seule pourrait répondre à cette question. Peut-être le fera-t-elle à l'occasion d'un nouveau roman, ou peut-être l'a-t-elle déjà fait...

Le psychisme n'a pas de repos dans sa tâche de symbolisation de sa propre histoire. C'est lui, par ce travail, qui fait de nous un sujet à part entière, conscient de son histoire, et non une simple marionnette qui la subit.

11
Les maladies ont-elles toutes un sens ?

La douleur est idiote, de façon implacable. C'est un tyran qui bafoue la raison, qui humilie l'intelligence, aussi grande puisse-t-elle être.

SYLVIE GERMAIN,
L'Enfant méduse

Comme nous venons de le voir, le corps peut développer une maladie pour attirer l'attention du psychisme sur une souffrance morale que celui-ci n'a pas encore reconnue. Il y aurait donc un sens à dégager de ces maladies. Pouvons-nous inférer qu'un sens est à trouver chaque fois que nous sommes malades ? Cela pose la question du « choix » de la maladie. Participons-nous toujours de quelque façon au « choix » du symptôme qui nous affecte ? Comment corps et psychisme interviennent-ils sur ce point ? L'état actuel des recherches et des observations donne à penser que, lorsque le corps tombe malade, cela ne se produit pas au hasard. Comment expliquer que tel ou tel organe, telle ou telle fonction, devienne la cible de la maladie ? Voilà une question complexe mais fascinante à laquelle je vous invite maintenant à réfléchir.

CHOISIT-ON SA MALADIE ?

Pourquoi développe-t-on une maladie cardiaque plutôt qu'un cancer, une allergie plutôt qu'un ulcère à l'estomac ? Et pourquoi un cancer de la prostate ou du sein, plutôt qu'un cancer du poumon, du foie, de la peau, des os, ou de n'importe quel autre organe ? La médecine traditionnelle ne se demande généralement pas si le fait qu'une personne développe tel ou tel type de maladie exprime quelque chose de son désir, de ses conflits ou de son histoire. Elle tient compte de l'hérédité et des facteurs environnementaux, qui comprennent les microbes, les bactéries, les virus ainsi que l'alimentation, la qualité de l'air et les habitudes de vie. La subjectivité est pour sa part rarement prise en compte.

Lorsque les rapports entre le corps et l'esprit font l'objet d'une réflexion, la question se présente autrement. Bien sûr, les facteurs héréditaires et environnementaux existent de façon incontestable et contribuent pour une large part au développement des maladies. Mais l'être humain étant un être psychosomatique par essence, on ne peut imputer au fonctionnement de son corps uniquement, ni aux seuls aléas de sa rencontre avec des agents pathogènes, la forme de la pathologie. La psychosomatique considère toute maladie comme une désorganisation de l'être dans toutes ses dimensions, tant corporelles que psychiques. Le psychisme ne peut pas ne pas y contribuer, en raison même de son imbrication très étroite avec le fonctionnement corporel. Mais le fait-il activement ou par défaut ? Et peut-on affirmer qu'il participe toujours au choix du symptôme ? Cela dépend des situations.

La question du « choix » de la maladie est un sujet fort complexe et fait l'objet de nombreuses recherches et observations en psychosomatique. Jusqu'à présent, bien qu'il existe plusieurs hypothèses intéressantes, elles sont loin de faire l'unanimité. Les diverses théories auxquelles elles donnent lieu s'entendent cependant sur quelques grandes lignes, mais elles se contredisent sur d'autres aspects. Vu la très grande complexité des rapports entre corps et esprit, une seule explication ne peut rendre compte de tous les cas possibles, et c'est encore une fois la subjectivité qu'il faut interroger. Trois situations principales peuvent être envisagées : ou bien le psychisme participe au « choix » de la maladie, ou bien c'est le corps qui choisit le symptôme avec l'aide de sa mémoire, ou encore il n'y a aucun choix, le corps tombant malade parce que le psychisme est défaillant.

Un « choix » délibéré du psychisme : la conversion hystérique

Il revient à Freud d'avoir expliqué comment certains troubles physiologiques peuvent avoir une signification psychologique. Il a mis à jour les mécanismes inconscients qui contribuent à leur développement. Selon lui, le symptôme exprime un conflit psychique refoulé dans l'inconscient. Le psychisme, désireux de garder le conflit loin de la conscience, utilise le corps pour l'exprimer. Quelqu'un peut, par exemple, développer une cécité fonctionnelle (c'est-à-dire sans présenter de lésion ni de maladie qui permettrait de l'expliquer) parce qu'il refuse de « voir » une chose interdite par son sens moral, ou encore une paralysie des membres inférieurs parce qu'il ne veut plus avancer, par culpabilité ou peur des représailles. C'est ce que l'on appelle la *conversion hystérique*. Dans le mécanisme de conversion, une représentation mentale est jugée condamnable et est refoulée dans l'inconscient. Celui-ci utilise ensuite l'équivalent corporel de ce qui a été condamné pour développer un symptôme qui révèle à la fois le désir et son interdit. Les conversions hystériques sont toujours des *troubles fonctionnels* qui frappent la musculature volontaire : une pseudo-paralysie, une pseudo-anesthésie, une pseudo-cécité, par exemple. Elles sont aussi toujours visibles pour un observateur extérieur puisqu'elles visent à communiquer quelque chose à l'autre. Dans le symptôme de conversion, le psychisme met le corps à son service et joue un rôle déterminant dans le choix du trouble corporel. Celui-ci peut apparaître soudainement et disparaître tout aussi rapidement avec la prise de conscience de ce qu'il cherche à exprimer et à cacher en même temps.

Un « choix » du corps en raison d'un défaut de représentation : l'hystérie archaïque

Au cours du chapitre précédent, nous avons vu que le corps peut utiliser la maladie pour tenter de signifier quelque chose au psychisme. Il ne devient donc pas malade par hasard puisque son symptôme « parle » d'une souffrance mémorisée qu'il cherche à faire reconnaître. Le symptôme se développe à partir des sensations impliquées dans cette souffrance non représentée que le psychisme doit transformer en représentations de mots pour amener celle-ci à la conscience. Il existe donc ici aussi, un peu comme dans la conversion hystérique, un sens potentiel au symptôme corporel. Mais, contrairement à ce qui se produit pour le symptôme hystérique, le psychisme n'a pas contribué au choix du symptôme et il en ignore le sens.

Pour distinguer ces symptômes de ceux issus de la conversion hystérique, Joyce McDougall (1989) les a qualifiés d'*hystérie archaïque*, soulignant par là que la maladie a bien un sens, comme dans la conversion, mais que la souffrance exprimée par le corps remonte à une époque antérieure au développement de la parole. Il ne s'agit pas ici d'un conflit psychique qui s'exprime corporellement, un conflit étant une opposition entre deux forces psychiques telles qu'un désir et son interdit. Le symptôme d'hystérie archaïque exprime plutôt un *traumatisme réel* que le psychisme n'a pas pu se représenter. Dans ces cas, il s'agit la plupart du temps de maladies clairement identifiables et non pas simplement de troubles fonctionnels. Elles peuvent toucher à peu près toutes les fonctions : la fonction digestive (les allergies alimentaires), la fonction respiratoire (l'asthme), la fonction endocrine (le diabète). Il peut aussi s'agir de maladies lésionnelles (l'ulcère à l'estomac) ou infectieuses (la myélite, inflammation de la moelle épinière).

Le corps malade à la suite d'une défaillance du psychisme

Lorsque le psychisme est empêché de faire son travail en raison d'un excès de répression des émotions, le corps est aux prises avec un surplus de tension et risque de développer une maladie. Dans ces cas, comment peut-on expliquer que celle-ci frappe tel organe plutôt que tel autre, affecte telle fonction au lieu de telle autre ? Et peut-on prétendre que le symptôme serait ici aussi porteur d'un sens quelconque ?

Les premiers chercheurs en psychosomatique considéraient le symptôme physique, autre que celui relevant d'une conversion hystérique, comme étant « bête », c'est-à-dire dénué de sens. Pour expliquer le fait que tel organe devenait la cible de la maladie plutôt que tel autre, ils s'en tenaient aux explications médicales classiques: agents pathogènes, hérédité, faiblesse de l'organe.

La compréhension de certaines maladies au cours desquelles les malades ont fait un travail de symbolisation a relancé le débat, car, dans leur cas, même s'il ne s'agit pas de conversion, les symptômes signifient tout de même quelque chose. L'accumulation d'observations diverses au cours des années laisse de plus en plus croire que la maladie ne frapperait ni par hasard ni sur la seule base de l'hérédité, mais s'orienterait vers une cible «choisie», tel organe, par exemple, parce que celle-ci a du sens dans l'histoire de l'individu concerné. Cette hypothèse se vérifierait non seulement dans les maladies choisies par le corps et se prêtant à la symbolisation, mais aussi dans les cas où le trouble résulterait d'une défaillance du psychisme.

CORPS BIOLOGIQUE ET CORPS ÉROTIQUE

Christophe Dejours (2001) propose une façon originale de penser le «choix» de la maladie, même dans les cas où il y a défaillance du psychisme. Il précise d'abord que le corps étudié par la médecine diffère de celui qui est considéré par les psychosomaticiens. Celui de la médecine, le *corps biologique*, est concret et matériel. On peut le regarder fonctionner comme on le ferait d'un objet, car il est le lieu d'une foule de réactions physiologiques objectivement observables. Le corps du psychosomaticien, par contre, est un corps engagé dans des échanges relationnels et animé par un psychisme qui en modifie le fonctionnement purement physiologique. Le symptôme de conversion hystérique en est l'illustration la plus frappante. Ce corps, que Dejours désigne sous le terme de *corps érotique* par opposition au corps biologique, est capable de rêver, de fantasmer, de désirer, de souffrir, d'éprouver du plaisir et des sentiments comme l'amour, la colère, la tristesse. Quand on rêve ou quand on fantasme, quand on éprouve une émotion quelconque, le corps n'est pas passif ni tenu à l'écart. Il participe activement à ces phénomènes d'ordre psychique par des réactions physiologiques spécifiques. Ce corps érotique, engagé avec le psychisme dans toutes sortes d'expressions émotionnelles, n'exclut pas du tout le corps matériel, biologique, étudié par la médecine. Les deux existent en parallèle. C'est ce qui fait dire à Christophe Dejours que nous vivons simultanément dans deux corps, le corps biologique et le corps érotique.

L'objet principal de la psychosomatique étant le corps érotique, la question du «choix» de la maladie ne peut pas ne pas se poser. En effet, comment penser que le corps se désorganise sans qu'il y ait de modification au niveau psychique alors que corps et psychisme sont si étroitement liés dans leur fonctionnement ? Dejours propose d'envisager la question en étudiant les rapports qui unissent ou désunissent les deux corps dans lesquels nous vivons. Le premier de ces rapports concerne le développement du corps érotique. En effet, si le corps biologique existe dès la conception, le corps érotique, lui, doit se développer. Il le fera à partir du corps biologique, et son développement sera concomitant de celui du psychisme et de la pensée.

Le corps érotique se développe dans la relation à l'autre

À la naissance, l'enfant possède un corps biologique, mais son psychisme et sa pensée n'existent encore qu'à l'état potentiel. La pensée va en effet se développer à partir de sensations. L'enfant doit d'abord enregistrer des sensations dans sa mémoire corporelle pour que le psychisme soit capable de les comparer et de créer des pensées. Le psychisme et la pensée vont se développer dans la rencontre avec le monde extérieur, et plus spécifiquement avec les adultes qui ont charge de l'enfant. C'est par l'intermédiaire de son corps que ce dernier entre en relation avec son environnement. Il le fait principalement par les parties qui délimitent l'intérieur et l'extérieur : la peau et les autres organes des sens (bouche, nez, yeux, oreilles), les sphincters et, à un degré moindre, les viscères, parce qu'ils sont en contact avec des éléments étrangers (l'air, la nourriture).

Soutenue par les pulsions provenant du corps biologique, chacune de ces zones corporelles va être sollicitée et mise à contribution dans l'échange avec les adultes qui prodiguent des soins à l'enfant. La bouche sert non seulement à l'ingestion de nourriture, mais aussi à entrer en relation, soit à sucer, à mordre, à embrasser tous les objets qui s'offrent à elle, les parties du corps de l'autre y compris. Par sa bouche, l'enfant découvre le monde et communique avec lui. Simultanément, la pensée émerge peu à peu à partir des sensations suscitées par cette rencontre, et le corps érotique commence à se développer en détournant partiellement l'organe, ici la bouche, de sa fonction biologique première au profit du psychisme. Plus tard, cette même bouche sera mise au service de la rencontre sexuelle. Il en est de même pour les autres parties du corps qui seront tour à tour sollicitées. Ainsi la peau, lieu de caresses et de contacts en tous genres, dépasse largement ses fonctions biologiques de protection et de régulation de la température ; elle sert d'enveloppe au psychisme en délimitant les frontières entre soi et l'autre. De même les sphincters, au moment de l'apprentissage de la propreté, mettront la fonction excrétoire au service du psychisme, car ils deviendront le lieu où se jouera l'apprentissage de l'affirmation de soi, mais aussi de la relation d'amour dans le don consenti d'une partie de soi.

Le développement du corps érotique prend appui sur les soins et les jeux corporels. Il est le résultat du dialogue qui se déroule entre l'enfant et les adultes qui en ont la charge autour du corps et de ses fonctions. À travers ces échanges, l'enfant expérimente son corps, découvre son affectivité et apprend à utiliser son corps pour communiquer ses états d'âme. Par ce long apprentissage, il devient peu à peu sujet de son propre désir. De plus, le fonctionnement psychique de l'adulte qui prend soin de lui, les fantasmes, l'histoire, la sexualité de ce dernier marqueront de façon singulière et originale le développement du corps érotique de l'enfant. C'est dire que chaque enfant fait un apprentissage unique à travers lequel il développe son identité et sa subjectivité.

Développement du corps érotique et domestication des instincts

Le corps biologique, substrat sur lequel le corps érotique prend assise, arrive au monde avec des dispositions instinctuelles inscrites dans ses gênes et tout un bagage pulsionnel. Au cours du développement du corps érotique, les instincts de base seront modifiés et mis peu à peu au service du psychisme. Cela permet de comprendre pourquoi une personne mange non par faim, mais pour tromper son ennui, étouffer sa colère, remplir un vide affectif. Dans son cas, l'instinct de nutrition a été détourné de sa finalité originelle à des fins psychiques. Un autre exemple d'affranchissement du psychisme par rapport aux instincts réside dans la sexualité humaine. Celle-ci, parce qu'elle fonctionne indépendamment de la reproduction, peut en effet être mise au service de la relation d'amour et recherchée uniquement pour le plaisir de la rencontre. Le psychisme, en se développant, permet aussi au corps de s'affranchir des rythmes biologiques. Le désir, chez la femme, peut ainsi exister en dehors des périodes de fécondité et perdurer au-delà de la ménopause.

Par le développement du corps érotique, l'individu s'affranchit donc partiellement de ses fonctions physiologiques, de ses instincts, de ses comportements automatiques et réflexes, et même de ses rythmes biologiques. Je dis « partiellement » parce que les instincts, réflexes et autres ne sont jamais complètement éteints et peuvent reprendre le dessus n'importe quand si le psychisme, pour une raison ou pour une autre, présente des défaillances momentanées ou permanentes. L'apprentissage qui se fait à travers l'échange avec les adultes aimés domestique l'inné, assujettit les instincts. Ce faisant, une partie de l'énergie corporelle se trouve détournée au profit d'activités psychiques (imaginaire, pensée, activité d'élaboration mentale). C'est par ce processus de détournement d'une fraction de l'énergie physique que le psychisme en vient à pouvoir libérer le corps d'une partie de sa tension et, de ce fait, contribue à l'équilibre psychosomatique. Cela s'avère fondamental dans le maintien de la santé physique. On a en effet observé qu'une fois le corps érotique mis en place une mise à l'écart du psychisme, comme dans la pensée opératoire, la dépression essentielle ou le court-circuitage du travail d'élaboration mentale du fait d'une trop forte répression des émotions, constitue un danger de désorganisation somatique pouvant conduire à la maladie. Le corps érotique contribuerait ainsi à protéger le corps biologique de la maladie.

QUAND LE CORPS EXPRIME SES ÉMOTIONS

Au cours du développement du corps érotique, l'enfant apprend à utiliser son corps de façon à exprimer ses états d'âme et ses émotions dans un but de communication. Cet apprentissage est essentiel pour échanger avec autrui puisque c'est en grande partie à travers les expressions corporelles que nous communiquons à l'autre ce que nous souhaitons lui faire comprendre. Désir, séduction, colère, tendresse, sensibilité s'expriment avant tout par le corps plutôt que par les paroles. Ces sentiments se lisent sur le corps, dans la motricité, l'expression faciale, le timbre de voix, le rire, les positions, la respiration, etc. L'expression non verbale des émotions est si déterminante que, si quelqu'un cherche à exprimer son désir ou sa colère sans accompagner ses paroles des expressions du visage et du corps appropriées, il n'est souvent pas pris au sérieux, l'autre jugeant qu'il n'est pas sincère et qu'il manque d'authenticité.

L'agir expressif

Christophe Dejours désigne ces modalités d'expression non verbales des émotions par le terme d'*agir expressif*. Dans celui-ci, c'est le corps entier qui est mobilisé. Gestes, posture, expressions faciales, certes, mais aussi respiration, vasodilatation ou vasoconstriction des vaisseaux (rougeurs et pâleurs), accélération du rythme cardiaque, sudation, etc. Tout y participe. Ces manifestations non verbales s'accompagnent même souvent d'une suspension de la parole qui marque l'insistance. Pensez par exemple à l'expression du désir amoureux. Les moments les plus « parlants » ne sont-ils pas ceux durant lesquels le corps s'exprime sans paroles : le regard se fait plus intense et plus pénétrant, il s'accompagne de battements de paupières, d'un sourire subtil, d'attitudes invitantes... La même chose est vraie pour la colère, qui se manifeste par une inhalation brusque d'air suivie du blocage du thorax en inspiration forcée pendant que les yeux se froncent et que le visage se colore, la parole étant momentanément suspendue. Les agirs expressifs des émotions ne mentent pas, au point que notre corps peut parfois nous trahir, exprimant malgré nous le trouble qui nous habite. Ils priment toujours sur notre expression verbale et même parfois sur la conscience que nous pouvons avoir d'une émotion : personne n'est dupe lorsque quelqu'un prétend ne pas être en colère alors que tout son corps le trahit.

L'expression non verbale et subtile d'une émotion est un élément déterminant dans la communication avec autrui, surtout dans la relation avec les proches par qui nous souhaitons être entendus et compris. C'est par elle que nous signifions à l'autre que quelque chose dans son attitude ou son comportement nous a heurtés ou déplu, que nous exprimons un élan de tendresse ou d'amour ou lui faisons savoir notre désir.

L'agir expressif met en jeu des signes subtils résultant de l'apprentissage de la relation. Il est tout le contraire de l'expression non contrôlée d'une émotion qui surviendrait impulsivement, du fait d'un débordement pulsionnel et instinctif, telle une crise de colère ou une grande déclaration d'amour inappropriée. En réalité, ces pertes de contrôle de l'expression émotionnelle surviennent précisément lorsque l'apprentissage de la communication non verbale a connu des ratés. L'instinct n'a pas pu être domestiqué et la pulsion s'exprime de façon impulsive et désordonnée. Contrairement à l'agir expressif appris, ces décharges massives ne favorisent pas la communication ; elles ont plutôt pour effet de mettre l'autre sur la défensive et de provoquer sa fuite, sa colère ou son incompréhension. L'agir expressif subtil, au contraire, dit exactement à l'autre ce que nous ressentons sans l'agresser ni faire intrusion dans son intimité. Ces signaux ne le laissent pas indifférent et suscitent chez lui une réaction d'empathie qui peut faire avancer la communication, l'autre étant mieux disposé à considérer notre état d'esprit et ce qu'il a pu faire pour le provoquer.

L'agir expressif est donc essentiel dans une saine communication. Par lui, le corps anime la parole, l'incarne et témoigne de notre sincérité. Dejours mentionne qu'il est une potentialité inscrite dans notre patrimoine génétique, mais que, comme tout programme génétique, il peut ou non se réaliser, ou encore ne se réaliser que partiellement. Les apprentissages sont dépendants des capacités des parents à utiliser leur propre corps au cours de l'échange expressif. Ainsi, un parent qui se montre inapte à exprimer subtilement sa colère ou son désir ne pourra pas apprendre à le faire à son enfant. Or, en l'absence de cet apprentissage, il devient très difficile pour la personne de communiquer efficacement avec ses proches et de bien se faire comprendre. Elle peut aussi difficilement se protéger de leurs agressions ou de leurs attitudes blessantes, puisque, même si elle leur dit verbalement ce qu'elle ressent, elle risque de ne pas être prise au sérieux. Pire, l'incapacité d'exprimer corporellement une émotion peut provoquer du mépris chez l'autre et augmenter son incompréhension à l'égard d'un interlocuteur qui ne lui semble pas sincère, qui ne sait pas se défendre ou qui apparaît gauche et souvent avide de relation en raison même de ses nombreux échecs relationnels. Cette incompréhension crée un cercle vicieux pour la personne handicapée dans son agir expressif. Le fait d'être incomprise augmente son agressivité, et parce qu'elle est incapable de se faire comprendre, elle développe un sentiment de honte et de découragement face à ce qu'elle ressent comme une incompétence relationnelle. Son hostilité ne pouvant trouver d'issue dans l'expression, la personne cherche à évacuer la tension en réprimant son émotion. Elle peut aussi adopter un comportement de fuite : allumer une cigarette, se gaver, faire des abus d'alcool. Si la situation d'incompréhension se répète, comme cela peut être le cas dans une relation stable, la tension ne cesse d'augmenter au point que la personne risque de ne plus pouvoir s'en défaire. Ni l'expression pour soi de la colère (par exemple se retirer dans sa chambre et frapper sur des coussins) ni le travail d'élaboration mentale, qui peut demeurer malgré tout possible si la répression n'est pas trop massive, ne suffisent à faire baisser la tension, parce que celle-ci provient surtout de la colère de ne pas être compris. La personne doit donc de plus en plus faire usage de la répression, ce qui peut la conduire à la pensée opératoire. Et lorsque celle-ci se double d'un sentiment d'impuissance menant au désespoir et à la dévalorisation extrême de soi, la personne se retrouve en situation d'impasse. Répression accrue, pensée opératoire et sentiment d'être dans une impasse : trois conditions qui favorisent le développement d'une maladie physique.

Limitations de l'agir expressif et somatisation

L'agir expressif subtil permet une canalisation continue des poussées pulsionnelles. Grâce à lui, le psychisme parvient à s'affranchir suffisamment du corps biologique pour ne pas se laisser submerger par les montées instinctuelles. Or, comme Dejours l'explique, l'affranchissement par rapport au biologique est rarement achevé et parfaitement réussi. Entre potentialité et réalisation, il peut y avoir une plus ou moins grande distance. Quoi qu'il en soit, il existe, chez toute personne, des zones et des fonctions corporelles qui n'ont pas été suffisamment investies lors des échanges relationnels avec les adultes durant le développement du corps érotique, soit à cause des caractéristiques propres de ces parents, soit en raison des difficultés d'ajustement entre le tempérament de l'adulte et celui de l'enfant. D'où un malaise dans l'expression subtile des émotions par ces zones ou ces fonctions mal investies. Ce malaise se manifeste extérieurement par des maladresses, des rigidités corporelles, des raideurs, de la froideur.

Chacun d'entre nous connaît, à des degrés divers, ces limites à l'agir expressif d'une émotion. Pour certains, celles-ci se font davantage sentir dans la sphère du désir, de la séduction ou de l'expression de la tendresse, alors que d'autres ne sauront pas comment exprimer leur colère ou leur peine sans éclat. Le malaise qui est alors ressenti peut provoquer un blocage de l'expression, et même de l'émotion. Ces limites, voire ces incapacités, laissent le corps sans moyen psychique pour faire face aux montées pulsionnelles. La tension n'en est donc que plus forte et la libération de celle-ci plus problématique. Dès que la pulsion concernée est sollicitée dans une relation, le malaise se fait sentir et l'individu en est réduit soit à la décharge impulsive, soit à la répression. Selon Dejours, un déséquilibre psychosomatique surviendrait lorsque, dans une relation, l'autre vient demander à l'individu handicapé dans ses modalités expressives quelque chose qui l'oblige à mobiliser la pulsion problématique. La personne, confrontée à son impuissance à réagir, ressent cette sollicitation comme une menace qui déclenche une montée de violence de survie. Cette dernière peut se décharger impulsivement, ce qui ne peut que rendre l'échange plus problématique. Mais la plupart du temps, cette violence sera réprimée, ouvrant la voie au développement d'une somatisation. Selon Dejours, la maladie frapperait alors de préférence les fonctions impliquées dans ces émotions difficilement exprimables par un agir expressif approprié. C'est la fonction physiologique impliquée, et non pas spécifiquement l'organe, qui serait visée. Autrement dit, un surplus de tension entraîne d'abord un trouble fonctionnel. Si la tension persiste, la maladie se logerait dans un ou plusieurs organes dans la mesure de leur implication dans la fonction biologique concernée. Il ne s'agit donc pas d'un choix d'organe délibéré, car l'organe atteint l'est du fait du *défaut d'investissement* par le corps érotique de la fonction qu'il dessert.

Cette hypothèse, qui semble se vérifier à l'observation, ne nous donne pas pour autant une « clé » d'interprétation des symptômes, en partie parce que la plupart des organes et des viscères sont impliqués dans plusieurs fonctions. Par exemple, le nez sert à la respiration, mais aussi à l'olfaction, la peau sert à protéger des infections (système immunitaire), à réguler la température corporelle (fonction sudoripare), mais elle transmet aussi des informations sensorielles (fonction perceptive). Par ailleurs, plusieurs fonctions participent à l'expression d'une même émotion. Dans l'expression de la colère, la fonction respiratoire est sollicitée ; son blocage pourrait donc entraîner un cancer du poumon. Or, ce n'est pas toujours le cas, parce que la fonction respiratoire n'est pas seule en cause dans l'agir expressif de la colère ; la fonction visuelle, le système cardio-vasculaire, la régulation de la température corporelle sont également impliqués. Le blocage expressif de la colère pourrait donc aussi provoquer un décollement de la rétine ou un infarctus du myocarde. Vu la grande diversité de tous ces entrecroisements, une clé d'interprétation reviendrait à simplifier abusivement une réalité fort complexe. De surcroît, elle ignorerait les caractéristiques de l'individu, de sa subjectivité. La localisation d'un symptôme dans un organe particulier ne permet pas de remonter directement à la fonction et au registre de l'agir expressif. Seul l'individu concerné peut trouver le sens du « choix » du lieu d'élection de sa maladie.

Des seins malades d'avoir été trop peu caressés

Comment quelqu'un peut-il en venir à comprendre une somatisation survenue du fait d'un défaut de l'agir expressif ? Voici un exemple tiré de la clinique. Il s'agit d'une femme qui avait entrepris une psychothérapie psychanalytique parce qu'elle n'avait jamais pu développer de relation amoureuse satisfaisante avec un homme. Elle se plaignait principalement du fait que les hommes ne la voyaient pas et ne la désiraient pas. Lorsque quelqu'un lui plaisait, elle devait toujours faire les premiers pas, et la plupart du temps elle se voyait ensuite repoussée par l'élu de son choix, qui ne partageait pas ses sentiments. Elle était pourtant consciente d'être aimée des hommes, mais elle n'était jamais désirée et, de ce fait, avait connu très peu de relations amoureuses.

Au bout de plusieurs années de traitement durant lesquelles elle avait abondamment exploré son rapport à son père, à sa mère et au couple que formaient ses parents, elle avait toujours le sentiment que rien ne changeait dans son rapport aux hommes : ils ne la voyaient toujours pas et ne la désiraient pas davantage. Ses relations en général s'étant par ailleurs beaucoup améliorées, elle en vint à envisager de mettre fin à la thérapie bien qu'elle n'ait pas atteint son but. Mais elle ne pouvait pas se résigner à renoncer à l'amour d'un homme et, se voyant dans une impasse, elle en conçut une grande colère contre tous ceux qui l'avaient ignorée jusque-là et continuaient à l'ignorer. Alors que sa colère atteignait des proportions énormes, elle a passé un examen de routine pour le dépistage du cancer du sein comme elle le faisait régulièrement tous les deux ans. Au cours de cet examen, on détecte la présence d'une masse douteuse pour laquelle on lui prescrit une échographie. Elle se surprend alors à penser: «Voilà ce qui arrive quand des seins ne sont jamais ni regardés, ni admirés, ni caressés; ils se dessèchent et pourrissent.» Cette pensée ne fait qu'augmenter sa colère, mais elle accepte de passer l'échographie. L'examen ne parvenant pas à conclure avec certitude à l'absence de cellules cancéreuses, le médecin recommande une biopsie. La réaction de la patiente à cette annonce est très forte et la surprend elle-même. Elle rage à l'idée de subir la biopsie, qu'elle ressent comme une attaque violente, un coup de poignard au cœur. Elle associe cette attaque faite au cœur à l'indifférence des hommes face à son désir: «C'est comme s'ils me poignardaient juste là, dans ma féminité.» En même temps, elle ressent une grande honte face à tous ses échecs amoureux, elle a le sentiment d'être une femme incompétente, handicapée, tronquée. D'autres fantasmes apparaissent ensuite, se greffant sur ce sentiment de honte. Elle pense à cette masse et a l'impression très forte qu'il s'agit du bébé qu'elle n'a jamais eu, conséquence de sa difficulté à développer une relation amoureuse. Ce bébé, elle le ressent comme un enfant malade, infirme, laid, qu'elle associe à elle-même et à son incompétence à susciter le désir d'un homme. Ses réflexions sur cette incapacité la mènent à sa mère et à l'absence de capacités séductrices chez celle-ci: puisqu'elle était elle-même malhabile sur ce plan, comment aurait-elle pu apprendre à sa fille les subtilités de la séduction? Ces pensées font revenir l'idée, déjà examinée sous tous ses angles au cours de la psychothérapie, que ses attentes envers les hommes cachent une recherche visant à combler les manques vécus dans sa relation à sa mère, qui ne l'avait pas désirée et qui jamais ne l'avait caressée ni serrée dans ses bras. Des seins non désirés, un manque de caresses masculines, mais aussi maternelles.

Toutes ces associations conduisent cette femme à penser que son symptôme physique ne s'est pas développé au hasard. Ses seins condensent en effet tous les niveaux conflictuels impliqués dans ses difficultés relationnelles avec les hommes. De fait, ils participent à l'agir expressif de la séduction, tout comme ils parlent du lien qui unit un enfant à sa mère au moment de l'allaitement en particulier. Dans ses associations, le bébé mal nourri, infirme, devient une femme incapable d'utiliser son corps pour exprimer son désir.

Au cours de ce travail d'élaboration mentale qui s'accompagne de fortes décharges émotionnelles (pleurs, colère) exprimées en thérapie et accueillies par le psychothérapeute, elle sent que la sensation de pression qu'elle éprouvait au niveau de ses seins diminue. Elle se présente à la biopsie. La chirurgienne chargée de l'intervention a de la difficulté à localiser la masse. Celle-ci s'est considérablement ramollie au point qu'elle se demande si elle doit quand même procéder à l'intervention. Par prudence, la biopsie est faite. En attendant les résultats, la cliente n'est pas trop craintive, car elle a acquis une sorte de conviction profonde que ceux-ci seront négatifs. Ce qui sera le cas. Le travail d'élaboration mentale, associé à une forte décharge émotionnelle, aura sans doute diminué suffisamment la tension corporelle pour freiner le développement de cette masse qui n'était peut-être pas cancéreuse, mais qui aurait pu le devenir.

EN GUISE DE RÉPONSE

Pour répondre à la question que nous posions au début de ce chapitre, il semble que, bien que certaines affections physiques s'apparentent à des messages codés par lesquels le corps cherche à signifier une souffrance psychique, toute maladie n'est pas porteuse d'un sens bien défini. Les observations de Christophe Dejours invitent cependant à croire que les ratés du développement du corps érotique creusent le nid de nos somatisations à venir. Nous mourrons tous un jour de quelque chose et ce quelque chose portera la marque de notre histoire personnelle. Pour Dejours, la plupart des maladies physiques ne sont pas directement causées par des conflits psychiques. Elles sont d'origine biologique, chimique, physique ou mécanique et leur survenue est favorisée, mais non provoquée, par les défaillances du psychisme. L'imaginaire n'a le pouvoir ni de guérir des maladies mortelles ni de nous préserver de la mort, mais il peut nous aider à préserver notre santé physique et prolonger notre vie en soulageant notre corps de ses tensions. Lorsque celui-ci est atteint par la maladie, l'expérience de la souffrance fait peser sur le psychisme une exigence accrue de travail pour freiner ou arrêter la désorganisation. C'est donc surtout en matière de prévention et au cours du processus de guérison que son apport peut être utile à la santé physique.

12
Mieux penser pour mieux prévenir

Ne pourront se sauver que les enfants qui savent rêver.

BORIS CYRULNIK,
Un Merveilleux Malheur

Notre imaginaire est l'outil le plus raffiné que nous possédions pour évacuer nos tensions, car il est seul à pouvoir jouer ce rôle lorsque nous faisons face à une situation difficile, impossible à fuir ou à modifier. Certes, la pensée n'a pas le pouvoir de tout guérir ni de nous éviter la maladie et encore moins la mort. Cependant, dans les moments de grande tension, quand notre corps est fragilisé, quand la menace de la maladie est tangible, son apport peut s'avérer précieux pour prévenir une dégradation de notre état de santé. Nous avons vu que nous n'avons pas tous les mêmes capacités de fonctionnement mental, celles-ci étant tributaires de notre histoire personnelle. Mais celles dont nous disposons, si minimes soient-elles, méritent d'être stimulées et développées. L'imaginaire est un peu comme un muscle : plus nous le faisons travailler, plus il devient efficace ; moins nous le sollicitons, plus il s'atrophie. Nous n'avons pas tous le même tonus musculaire, mais tout muscle, même petit, peut améliorer sa performance si nous l'exerçons. Quelles sont les conditions favorisant un meilleur travail psychique ? Comment pouvons-nous développer et stimuler notre imaginaire pour en maximiser l'efficacité ?

Certains événements particulièrement éprouvants de la vie peuvent constituer des écueils pour l'imaginaire. Comment reconnaître ces événements et prévenir l'effet potentiellement pathogène qu'ils peuvent avoir sur la santé physique ? Voilà un sujet d'importance sur lequel nous devons nous pencher si nous voulons penser en termes de prévention. Même l'imaginaire le plus exercé et le plus efficace ne peut nous éviter la maladie. Lorsque c'est le cas, le psychisme peut-il nous aider à mieux vivre cette épreuve ? Quel travail peut-on attendre de lui dans ces circonstances ? C'est par cette réflexion que nous conclurons notre voyage au pays de *la pensée qui soigne*.

DÉVELOPPER SON IMAGINAIRE

Un vieux dicton toujours d'actualité

« Un esprit sain dans un corps sain » ! Cette maxime connue de tous nous a tellement été rabâchée que nous avons fini par en négliger l'importance. Trop souvent, nous avons tendance à l'oublier. Dans sa simplicité, elle exprime pourtant une vérité qui plonge ses racines dans le fonctionnement même de notre psychisme, en tant que celui-ci est lié à notre corps. C'est avec ce dernier, à partir de ses réactions physiologiques et émotionnelles, et par l'intermédiaire de notre cerveau, que notre imaginaire fonctionne. Pour penser de façon efficace, il importe que notre organisme ne soit pas soumis à un trop grand stress. Le rythme accéléré de la vie en société ainsi que nos activités et préoccupations de toutes sortes imposent souvent à notre corps une tension trop grande pour ses capacités. Nous nous retrouvons alors dans un état tel, qu'il est difficile de bien penser. Cette vie trépidante conduit même certaines personnes à négliger les règles de base d'une bonne hygiène corporelle et mentale. Débordées par leurs obligations, celles-ci ne prennent pas toujours le temps de bien se nourrir, de se reposer, de réfléchir, de rêver. Or, nous arrêter pour permettre à notre organisme de recevoir quotidiennement les substances variées dont il a besoin ne sert pas seulement la santé physique ; cela permet aussi de freiner le rythme étourdissant qui est le nôtre, ce qui fournit au psychisme une des conditions qui lui sont essentielles : du *temps*. Une bonne hygiène de vie voudrait que nous évitions également, autant que possible, les substances toxiques qui peuvent nuire au bon fonctionnement des neurones, soit les drogues et le tabac. Comment des cellules nerveuses intoxiquées pourraient-elles donner leur plein rendement ? L'alcool consommé en trop grande quantité contribue aussi à intoxiquer les cellules du cerveau. Mais il n'y a pas que le régime alimentaire qui soit affecté par le rythme effréné de la vie moderne. Bien souvent, les activités professionnelles et les obligations familiales sont si prenantes qu'une fois toutes ses tâches remplies la personne n'a plus ni l'énergie ni le goût de pratiquer un sport ou simplement d'aller prendre l'air. Une activité physique régulière aide pourtant à évacuer le surplus de tension et la détente qui en résulte rend plus disponible pour un travail psychique productif. Lorsque la tension est trop élevée, le risque que l'émotion et l'anxiété prennent le dessus est grand, ce qui peut entraver la créativité. Et si, en plus, le fait d'être débordé par un trop-plein d'obligations place l'individu en situation de stress permanent, voire d'échec, celui-ci peut le ressentir comme une menace interne qui réveille sa violence de survie.

Le cercle vicieux déjà évoqué risque alors de s'engager : gestes impulsifs bientôt regrettés, honte et culpabilité, répression accrue et diminution proportionnelle du potentiel imaginaire. Pour donner toutes ses chances de bien travailler à l'imaginaire, il importe donc de repenser l'organisation de son temps afin de faire une place régulière à un peu d'activité physique.

Être à l'écoute de soi

L'activité physique contribue à faire baisser le surplus de tension, ce qui prépare le terrain pour un bon travail psychique. Mais cela ne suffit pas. Penser de façon créatrice demande que l'on soit à l'écoute de soi, ce qui veut dire accueillir ses émotions, observer ce qui les déclenche et laisser venir les pensées qui s'y greffent. Pour cela, il faut se mettre en situation de réceptivité passive, ce qui demande non seulement du temps, mais aussi de la détente et du silence.

Se donner du temps de solitude et de silence

Un certain nombre d'entre nous n'ont jamais su développer la capacité de s'arrêter. Ils s'efforcent de remplir le moindre temps libre et s'activent continuellement. D'autres ont peut-être déjà eu cette capacité, mais ils se sont laissés happer par le rythme effréné de la vie moderne. Dans le tourbillon quotidien, nous sommes constamment la cible de stimuli de toutes sortes. Nos emplois du temps sont tellement chargés que, bien souvent, nous ne sommes même plus conscients d'être bombardés. Quand vient le moment du repos, parce que le rythme est déjà pris, beaucoup ont du mal à ralentir et à s'arrêter. La difficulté à tolérer l'inactivité pousse même certains à s'imposer des obligations supplémentaires au lieu de repenser l'organisation de leur temps de façon à trouver un juste équilibre entre les obligations, les loisirs et le repos. Sous prétexte de se détendre, ils ajoutent une foule d'activités de loisirs, sportives ou autres, à une semaine déjà chargée, ce qui leur laisse peu de place pour le repos et l'écoute de soi. Pourtant, on ne pense bien que dans le calme, condition nécessaire pour bien ressentir les émotions et laisser aux pensées le temps de s'élaborer. Se ménager du temps à soi, dans la solitude et le silence, s'avère important si l'on veut offrir au psychisme les conditions les plus favorables pour qu'il puisse bien opérer. Quelqu'un habitué à l'écoute de soi et au travail d'élaboration mentale peut se livrer à ces activités même en présence d'autres personnes et en poursuivant ses activités. Mais la plupart d'entre nous, surtout si nous n'avons pas trop l'habitude d'être attentifs à nos émotions et à nos pensées intimes, devons savoir nous ménager des moments de solitude et de silence pour ne pas nous laisser distraire de nous-mêmes. Les activités qui nous mettent en contact avec d'autres sont importantes pour nourrir notre imaginaire, j'y reviendrai, mais nous avons davantage de chances de maximiser les bienfaits de l'échange avec autrui si nous prenons d'abord le temps d'être à l'écoute de nous-mêmes.

Être réceptif à ses émotions, à ses pensées

Être réceptif à ce qui s'exprime en soi n'est pas toujours facile. Nous avons souvent peur des pensées qui nous surprennent, surtout celles que notre sens moral condamne. J'ai déjà évoqué ce sujet en insistant sur la peur de la souffrance produite par ces pensées. Mais une autre raison explique cette peur. L'inconscient, qui ne tient pas compte des lois de la logique, assimile facilement pensée et action et il ne fait pas de différence entre émotion et volonté. S'il ressent une haine meurtrière envers quelqu'un, c'est pour lui comme s'il pouvait vraiment tuer cette personne ou comme s'il l'avait déjà fait. Pour la conscience, qui tient compte de la logique et de la réalité, il en est autrement, car l'acte se distingue de l'idée. Penser dans son for intérieur n'a jamais fait de mal à personne. Et pour l'activité d'élaboration mentale, j'ajouterais même : bien au contraire. En effet, plus nous nous autorisons à laisser monter en nous les émotions que nous condamnons, plus les images, les pensées et les souvenirs qui s'y associent pourront s'élaborer, nous donnant ainsi la chance de les comprendre et de les assimiler.

Nous croyons, à tort, que penser à des émotions violentes peut nous amener à passer à l'acte. Au contraire : chez la majorité d'entre nous, les risques de perdre le contrôle de l'agressivité sont bien plus élevés si l'émotion est sans cesse réprimée. Souvenez-vous de ce que disait Françoise Dolto : l'être humain est condamné à vivre ce qu'il ne peut imaginer. Seules les personnes n'ayant pas développé de sens moral, celles que l'on appelle les psychopathes, passent à l'acte sans scrupules après leur préméditation. Une bonne santé mentale et physique voudrait que nous laissions se déployer nos émotions et accueillions les pensées qu'elles suscitent en nous sans les critiquer, les trier ou les juger, même et surtout celles que nous condamnons ou qui nous effraient ; nous devons en effet en prendre conscience pour que notre pensée soit en mesure de faire son travail de digestion psychique. Dans le cas contraire, nous devons déployer beaucoup d'énergie pour nous en défendre, énergie qui n'est alors plus disponible pour autre chose.

Un petit truc...
Si vous n'êtes pas habitué à laisser libre cours à vos pensées, tenir un journal où vous consignez vos émotions et vos pensées intimes peut vous aider à développer cette capacité. Nous n'avons pas vraiment conscience des idées qui défilent en nous parce que celles-ci passent trop vite et que, aussitôt qu'elles ont traversé notre esprit, elles disparaissent. De plus, si nous ne faisons que penser sans noter ce qui nous vient, il est facile de nous laisser distraire par tout et rien. Écrire ce qui nous vient en tête spontanément en nous laissant guider par ce qui surgit et qui cherche à s'écrire est un bon moyen pour fixer les pensées fuyantes, les retenir, les concrétiser. Cet exercice force l'attention et aide à éviter la dispersion. Par contre, il comporte un piège, surtout pour celui qui n'a pas l'habitude d'écrire : écrire prend plus de temps que penser, si bien que la tentation de sélectionner ce qui nous vient à l'esprit peut être grande. Si nous voulons nous servir de ce moyen pour exercer notre imaginaire, il importe d'être très honnête avec nous-mêmes et de vraiment écrire tout ce qui nous passe par la tête.

Se nourrir dans la rencontre humaine

Le psychisme, avec ses capacités imaginaire et créatrice, se développe, nous l'avons vu, dans la rencontre humaine de l'enfant avec les adultes qui prennent soin de lui. Tout au long de notre vie, la rencontre avec nos semblables apporte également de l'eau au moulin de notre appareil à penser, à imaginer, à créer. Être à l'écoute de ce qui nous vient, des émotions, des pensées, des images qui nous habitent, est la première étape pour initier l'activité mentale. Si notre monde intérieur n'était pas nourri par des apports extérieurs, ces mêmes émotions, pensées ou images s'épuiseraient rapidement et nous ferions face à un sentiment de vide. La rencontre avec l'autre est ce qui suscite et nourrit ces matières à penser et à donner du sens.

Nos réactions internes sont la plupart du temps déclenchées par les relations quotidiennes que nous avons avec nos proches, nos collègues de travail, nos amis. Les émotions, images et pensées peuvent découler des bienfaits de ces rencontres, mais aussi être suscitées par les manques, heurts, frustrations engendrés par celles-ci. Identifier l'origine de nos réactions intimes nous fournit le point de départ nécessaire pour enclencher un processus d'élaboration mentale visant à nous permettre de mieux comprendre ce que nous vivons. Mais la rencontre avec autrui ne se contente pas de déclencher les émotions. Elle peut aussi nourrir et guider notre travail psychique en agissant comme un miroir qui nous permet de voir des aspects de nous qui resteraient dans l'ombre sans ce contact.

Fréquenter la culture

La culture est un espace au sein duquel les grands thèmes universels, tels que l'amour, la mort, la souffrance, le pouvoir, la domination, la servitude, sont abordés de façon fort variée. Les œuvres d'art, qu'il s'agisse de peintures, de sculptures, de romans, de films ou de pièces de théâtre, foisonnent d'une multitude de représentations mentales, de choses pour les unes, de mots pour les autres. Issues de l'imaginaire des créateurs, elles ont le pouvoir de susciter l'émotion et de stimuler nos propres représentations mentales. Une œuvre d'art réussie agit comme un miroir en nous atteignant dans ce que tous les êtres humains ont en commun. De ce fait, elle peut nous aider à reconnaître et à identifier nos émotions et nos pensées, et elle peut contribuer à nous donner une meilleure connaissance de nous-mêmes. Une œuvre de fiction, comme un roman, un film ou une pièce de théâtre, nous permet de nous identifier aux personnages. À travers eux, nous pouvons laisser libre cours à nos émotions, images, pensées et fantasmes les plus secrets. Comme il est souvent plus facile d'être indulgent envers un personnage fictif qu'envers nous-mêmes, cela nous permet d'apprivoiser ce que nous aurions tendance à rejeter rapidement, par peur ou par culpabilité. L'identification aux personnages nous permet de mieux accepter certains aspects de nous et de leur faire une place quelque part dans notre psychisme. Voir à l'écran ou sur scène, ou encore rencontrer dans un roman des gens qui connaissent des difficultés semblables aux nôtres, qui vivent des émotions comme les nôtres, nous permet de réaliser que nous ne sommes pas les seuls aux prises avec de telles souffrances. Nous faisons partie de la grande famille humaine, avec nos bons côtés comme avec nos aspects moins nobles. De plus, grâce à l'œuvre de fiction, nous pouvons voir comment les personnages se débrouillent avec les émotions ou les pensées qui nous troublent. Cette différence, une fois perçue, ouvre la voie à un travail d'élaboration mentale qui peut nous guider vers la découverte de nouvelles voies pour canaliser ces forces qui nous dérangent et trouver des façons plus créatrices de composer avec elles. N'avez-vous jamais observé que le visionnement d'un film ou d'une pièce de théâtre, ou encore la lecture d'un roman vous ayant particulièrement touché a déclenché un rêve durant la nuit qui a suivi ? Rêver est le signe qu'un travail psychique est à l'œuvre, car c'est au moment du rêve, alors que la pensée logique et consciente est au repos, que les représentations bougent et s'associent le plus. De la même manière, ne vous est-il pas déjà arrivé, après la lecture d'un roman ou le visionnement d'un film, d'envisager votre vie autrement, parce que la façon de composer avec une situation difficile de tel ou tel personnage avait eu une influence sur votre façon de percevoir la vôtre ?

La culture nous offre aussi l'occasion de faire des rencontres humaines intimes et profondes sans qu'il y ait de contact direct. Elle nous permet de connaître une grande proximité tout en offrant une distance, ce qui nous donne toute la latitude de nous identifier sans nous révéler ni nous rendre vulnérables. Cela peut être précieux surtout si nous condamnons les émotions ou les pensées qui nous hantent. Grâce à la culture, nous pouvons plus facilement nous avouer à nous-mêmes des choses que nous jugeons inavouables sans risquer le blâme ou la blessure. N'avez-vous pas souvent pensé avec soulagement que tel ou tel personnage avait osé dire ce que vous pensiez au fond de vous-même, mais que jamais vous n'auriez osé exprimer ? Dans l'œuvre de fiction, les personnages sont souvent plus vrais, plus sincères que dans la vie, et parviennent à exprimer clairement ce que nous ne ressentons que vaguement en nous. Pour toutes ces raisons, fréquenter la culture est une bonne façon de nourrir notre imaginaire et de susciter un travail d'élaboration mentale. La culture constitue en effet un milieu riche de sentiments humains et d'expériences en tous genres qui représentent une mine d'or dans laquelle nous pouvons puiser au fil de notre recherche de sens.

Se confier à un proche

Une autre façon de nourrir son imaginaire et de relancer un travail psychique qui tourne en rond consiste à développer et à cultiver quelques relations intimes au sein desquelles, grâce à la confiance réciproque, il est possible de s'ouvrir et de partager ce qui est préoccupant. Exprimer ce que nous ressentons et nous sentir accueillis contribuent à nous calmer. De plus, parce qu'il est en dehors de la situation, l'autre peut nous aider à l'envisager sous un angle différent, ce qui relance notre réflexion sur notre façon de prendre position face à elle.

La confiance en l'autre suppose une ouverture autant à se confier, à se livrer tel que l'on est, qu'à accueillir sa remarque ou son opinion qui peut ne pas aller dans le même sens que la nôtre. Dans la mesure où la relation de confiance existe et où l'amour et le respect sont présents, une confrontation avec des idées différentes est à même de faire avancer notre réflexion. Personne ne peut à lui seul voir tout d'une situation dans laquelle il est impliqué. Ce que nous percevons et ce que nous ressentons est à prendre en considération, mais ce que l'autre, qui n'occupe pas la même position, y voit a aussi son importance. Savoir accueillir et considérer le point de vue de l'autre, sans pour autant rejeter le sien propre, ne peut qu'élargir notre vision et notre compréhension de la situation dans laquelle nous nous sentons momentanément mal à l'aise. Après avoir parlé d'une situation difficile avec une personne en qui nous avons confiance, celle-là nous apparaît généralement moins complexe, moins problématique, et même si nous ne trouvons pas nécessairement de solution immédiatement, le fait de pouvoir l'envisager sous un autre angle nous aide à voir une lueur apparaître au bout du tunnel. Le travail psychique fera le reste par la suite.

Et si le blocage persiste…

Il peut arriver que, malgré nos efforts pour envisager autrement une situation qui nous affecte et nous perturbe, nous ayons le sentiment de ne pas parvenir à sortir des ornières dans lesquelles notre pensée s'embourbe. Nous pouvons alors être tentés de nous dire qu'il ne sert à rien de ressasser nos malheurs, de nous attarder indéfiniment sur ce qui nous fait mal. De là à rejeter loin de nous nos pensées et nos émotions, il n'y a qu'un pas. Et il se peut que nous parvenions momentanément à chasser de notre esprit ce qui nous pèse. Nous avons alors l'impression d'avoir oublié, mais ce n'est qu'une illusion. Nous pouvons en effet ne pas penser à quelque chose et ne pas ressentir l'émotion, mais l'affect ne disparaît pas ainsi. Le corps en conserve la trace, et celle-ci continue son œuvre destructrice à notre insu. Je dirais même que moins nous y pensons et plus nous avons la certitude d'avoir oublié, plus l'affect « oublié » agit sournoisement en nous. Les émotions étouffées et les pensées tuées dans l'œuf constituent des nids parfaits pour le développement de maladies. La plupart du temps, malgré notre volonté de ne plus penser à ce qui nous fait mal, ce que nous tentons d'évacuer refait surface au moment où nous nous y attendons le moins. Il arrive aussi que le malaise s'incruste de façon obsédante au point que nous n'arrivions plus à penser à autre chose malgré notre volonté. Nous ruminons alors les mêmes idées sans que notre pensée parvienne à nous offrir une solution créatrice. Dans ces cas, la consultation d'un professionnel, psychologue, psychiatre ou psychanalyste, peut s'avérer nécessaire. Ce dernier, par sa formation et sa compréhension des mécanismes à l'œuvre dans les relations entre pensée et émotion, et parce qu'il est extérieur à la situation, peut nous aider à aborder celle-ci autrement et à sortir de l'ornière.

DES ÉCUEILS POUR LA PENSÉE

Certains événements, très éprouvants parce qu'ils bouleversent toute notre vie, constituent des facteurs de stress majeurs pour l'organisme. Non seulement ils peuvent détruire l'équilibre que nous avions construit, mais ils risquent aussi de compromettre les projets d'avenir que nous avions élaborés. Parmi ceux-ci, je pense aux pertes importantes : décès d'un être cher (parent, conjoint ou enfant), divorce qui se conclut dans la discorde et avec des problèmes financiers, faillite personnelle, perte d'un emploi très investi. Je pense aussi à des traumatismes graves comme les accidents de voiture ou les agressions qui laissent des séquelles importantes, des incendies ou des vols…

L'intensité de l'attachement, s'il s'agit d'une perte, ou le caractère soudain, imprévu et brutal de l'événement, s'il s'agit d'un traumatisme, provoque en nous une telle excitation que notre organisme est incapable de l'absorber dans l'immédiat. La tension interne qui en résulte est énorme. Les affects déclenchés par ces événements sont souvent bloqués pour les mêmes raisons. Une fois le choc passé, lorsque ces affects donnent enfin lieu à des émotions, celles-ci sont intenses et très douloureuses, souvent difficilement supportables. Un réflexe de survie peut nous porter à nous en défendre pour éviter la douleur ; la répression se met alors à l'œuvre et opère presque à notre insu. De tels événements constituent des écueils importants pour l'imaginaire. On le sait maintenant, l'affect qui sous-tend une émotion réprimée ne disparaît pas. La clinique cumule de nombreuses observations montrant que les individus victimes d'un traumatisme développent, au cours des mois ou des années subséquents, des symptômes psychologiques et physiques, voire des maladies. Les deuils mal vécus sont également des facteurs de risque importants pour le développement de troubles physiques divers.

Pour cette raison, même si les émotions suscitées par ces événements pénibles sont douloureuses, il est important de les vivre. Parler du traumatisme que nous avons vécu, de la personne que nous avons perdue, de ce que cela nous fait ressentir aide à faire resurgir les émotions qui ont été réprimées. Retourner sur les lieux du traumatisme avec quelqu'un en qui nous avons confiance, regarder les photos du défunt, faire le tri de ses objets personnels sont autant de moyens propres à favoriser la montée de l'émotion. Faire le deuil d'une personne à qui nous étions très attachés soulève une foule d'émotions. De la peine, bien entendu, mais aussi de la colère, un sentiment d'abandon, peut-être de la culpabilité de ne pas l'avoir aimée autant que nous l'aurions voulu, du regret de ne pas avoir su lui dire certaines choses, et bien plus encore. Laisser toutes ces émotions s'exprimer, permettre aux pensées de s'élaborer pour en venir à être capable d'accepter l'absence et de s'attacher à une autre personne, cela demande du temps.

Or, il arrive que la douleur de la perte soit si intense que la personne ne puisse la tolérer pour donner à l'imaginaire le temps de faire son travail de digestion. Une maladie peut alors apparaître assez rapidement. Dans ce cas, de façon paradoxale, celle-ci vient prêter main-forte au psychisme en obligeant la personne à s'arrêter et à recevoir des soins. Tout se passe comme si le corps prenait momentanément la douleur en charge pour soulager le psychisme. La souffrance corporelle est plus tangible, plus tolérable et souvent plus facile à soigner que la souffrance morale. Pendant cette régression à la dépendance, l'esprit peut se refaire des forces pour être en mesure de mieux affronter sa propre douleur par la suite.

Faire le deuil d'une personne très investie, mais avec qui les conflits étaient importants, peut aussi s'avérer très ardu. Ces pertes sont d'autant plus à risque que les émotions négatives, telles que l'agressivité, la rancœur ou le soulagement que nous pouvons ressentir à la mort de celui ou celle avec qui la relation était si difficile, sont particulièrement difficiles à élaborer mentalement. Lorsque nous sommes confrontés à de tels événements à haut risque, nous devons être particulièrement vigilants pour faire en sorte de bien les vivre malgré les grandes difficultés qu'ils comportent. Nous ne devrions pas hésiter à demander de l'aide si nous sentons que, par nous-mêmes, nous ne parvenons pas à les surmonter.

QUAND LA MALADIE S'INSTALLE…

Notre imaginaire peut soulager le corps d'une partie de sa tension et jouer ainsi un rôle dans la prévention de la maladie. Mais la pensée n'est pas toute-puissante ; et même si parfois elle parvient à acquérir une certaine suprématie sur le corps, la biologie peut à tout moment reprendre ses droits et la mettre en échec. Personne n'échappe à la maladie, même celui dont les capacités psychiques sont très actives. Quand la maladie s'installe, la pensée peut encore nous aider à mieux vivre cette épreuve. Comme le dit Crombez (1994) dans *La Guérison en écho*, lorsque la maladie est là, ce n'est pas par la recherche du sens qu'elle peut aider dans l'immédiat. Il se peut en effet qu'elle n'ait pas de sens particulier, comme nous l'avons vu au chapitre précédent. Toutes les tensions du corps ne se transforment pas en énergie psychique. Un certain nombre ne seront jamais mentalisées. Par ailleurs, même si la maladie qui nous affecte est porteuse d'un sens, la recherche de celui-ci prendrait trop de temps et l'urgence de soigner le corps ne peut souffrir le temps nécessaire au psychisme. Ce n'est qu'une fois guéri, quand l'esprit est dégagé des préoccupations concernant la santé physique, qu'il peut s'adonner à la recherche du sens. C'est ce qu'a fait Nancy Huston, deux ans après sa maladie.

Pendant la maladie, le travail psychique doit plutôt s'efforcer de rendre le sujet actif dans sa lutte contre le problème physique. Comment vivons-nous le fait d'être malade ? Nous sentons-nous atterrés, défaits, agressés, dévalorisés ? Comment nous percevons-nous nous-mêmes par rapport à la maladie ? Comme une victime impuissante ou comme une personne à part entière qui existe et qui a sa valeur, même malade ? Pour activer le processus de guérison, la personne malade doit participer activement au traitement dans la sphère où elle peut quelque chose, soit celle de sa subjectivité. Tandis que la médecine s'occupe de la maladie, la responsabilité de l'individu est de penser à « comment ça fait mal ? ». Nancy Huston nous en donne un exemple lorsqu'elle s'efforce de mettre des images sur le symptôme d'insensibilité qui l'avait clouée au lit.

Deux pensées lui viennent alors : elle se rappelle les engelures de son enfance, et elle se voit en train de devenir semblable à un arbre. La patiente qui avait développé une masse au sein a, elle aussi, fait ce travail de pensée qui consiste à « imager » le symptôme physique : elle a vu sa masse comme un bébé dont personne ne voulait mais qu'elle désirait protéger.

Se demander « comment ça fait mal ? » et mettre le symptôme en images, c'est introduire du subjectif, du psychique dans le corps et incarner la pensée. Cela crée un pont entre le corps et l'esprit, ce qui permet à ce dernier de reprendre son travail. Alors que le symptôme physique n'est que douloureux, les images, quant à elles, éveillent des émotions qui peuvent relancer le travail de transformation de l'énergie corporelle en énergie psychique. Il se peut que les émotions éveillées conduisent au sentiment d'être dans une impasse et au désespoir, qui sont souvent plus souffrants que le mal physique. La tentation de les nier peut alors être grande. Mais ressentir le désespoir est la première condition pour chercher et trouver une issue. Mettre des images sur un problème physique demande que l'on soit attentif à ce qui se passe en soi, que l'on note les sensations, les perceptions, les émotions et les pensées qui viennent, et qu'on les accueille. Si du sens en émerge, tant mieux. Mais il se peut que le sens ne vienne pas tout de suite. Il a fallu deux ans à Nancy Huston pour comprendre les images qui lui étaient venues au moment de sa maladie. Faire émerger du sens n'a pas vraiment d'importance dans l'immédiat. Ce qui compte, c'est qu'en effectuant un travail de pensée la personne se réapproprie son corps et puisse cesser de se voir comme une victime impuissante. Présente avec sa subjectivité, elle récupère du pouvoir sur elle-même et de la dignité dans sa façon de se percevoir. Cela lui permet de sortir de l'impasse, car elle peut alors mobiliser ses forces intérieures et les mettre au service de la lutte contre la maladie. Et si le mal est trop avancé et que plus rien n'est possible, ou encore si aucun sens n'est à dégager, l'individu en possession de sa subjectivité psychique peut quand même avoir le sentiment d'exister pleinement dans toute sa valeur humaine, malgré la maladie, ce qui rend celle-ci plus supportable.

Conclusion

Dans ses efforts d'adaptation à l'environnement, notre organisme enregistre de perpétuelles oscillations entre énergie physique et énergie psychique. Tout au long de ce livre, j'ai insisté sur le rôle de la pensée qui, parce qu'elle puise ses racines dans l'affect, contribue à transformer l'énergie corporelle en énergie psychique, ce qui aide au maintien de la santé physique. Un bon fonctionnement de notre imaginaire est donc un outil précieux pour une saine adaptation. Je voudrais conclure maintenant par une réflexion sur la place que nous faisons à l'imaginaire dans notre vie de tous les jours, tant sur le plan individuel que sur le plan social.

Dans une société comme la nôtre, où la technologie de pointe occupe de plus en plus de place, où les informations de toutes sortes circulent à grande vitesse, le réel, le rationnel et le concret ont tendance à prendre le pas sur la vie intérieure. La possession de biens matériels, la performance, la réussite et la rentabilité sont au premier rang des valeurs et priment souvent sur le développement de la richesse intérieure, de la créativité et de la relation. La compétition oblige à avoir un rendement de plus en plus rapide et efficace. L'obligation de réaliser des performances couplée au désir de posséder nous pousse à adopter un rythme de vie rapide qui tolère mal les moments d'arrêt, de réflexion et d'intériorité. Il en résulte un état de stress permanent, tandis que la place pour ressentir, penser et réfléchir est quasiment inexistante.

Dans cette vie rapide axée sur le concret et la performance, la souffrance morale est fort mal tolérée. La moindre petite « déprime » ou la plus petite anxiété sont perçues comme des faiblesses, car elles risquent de nuire au rendement. Un tel contexte pousse la personne qui en est affectée à se condamner et à se fouetter pour ne plus ressentir ces états d'âme dérangeants. Tout est tellement axé sur le « faire » que « l'être » est relégué au second plan, quand il n'est pas totalement occulté. Lorsque celui-ci manifeste sa douleur, la tentation de rechercher un soulagement rapide à la souffrance morale est grande. Nous avons souvent recours aux médicaments et attendons tout d'eux — et surtout qu'ils fassent vite disparaître le malaise qui ralentit notre performance ! Au lieu d'écouter l'être, nous le bâillonnons.

Je ne suis pas contre l'usage de médicaments pour apaiser les souffrances morales. En tant que psychothérapeute, je sais que lorsqu'une personne est submergée par l'angoisse au point d'être complètement paralysée et de ne plus dormir, quand la dépression atteint une intensité telle que le sommeil et l'appétit sont gravement perturbés, si bien que la personne ne pense qu'à mourir, le recours aux médicaments s'avère nécessaire pour parer à l'urgence de la situation. Ceux-ci permettent de renverser le cercle vicieux : angoisse ou dépression — perte de sommeil et d'appétit — épuisement qui renforce l'angoisse et la dépression. De plus, lorsque la détresse atteint une certaine intensité, la personne est incapable de penser efficacement et est donc peu réceptive à un travail de psychothérapie. Dans ces cas, le recours aux médicaments permet à l'individu de retrouver un certain équilibre et de l'énergie. Il devient alors plus accessible à une autre forme d'aide. Ce que je dénonce, c'est la tendance à recourir trop rapidement à la solution pharmacologique pour des souffrances psychiques qui relèvent du cours normal de la vie humaine : les deuils, les échecs passagers, les difficultés relationnelles et l'anxiété temporaire mais non paralysante. Certains médecins ont peut-être la prescription facile, mais certains patients ont aussi tendance à demander, voire à exiger un remède miracle dès l'apparition du moindre malaise. Quel impact cela a-t-il sur notre capacité de penser ? La souffrance évacuée trop rapidement, par répression ou avec l'aide d'un agent chimique, a pour effet d'étouffer l'émotion. La pensée est court-circuitée et le travail psychique s'en trouve entravé. À la longue, la capacité imaginaire s'atrophie, faute d'être sollicitée. Si cela se produit trop souvent, elle s'éteint progressivement tandis que s'installe la pensée opératoire. L'individu coupé de son affectivité se comporte de plus en plus de façon stéréotypée. Le pire vient de ce qu'il est privé de son outil le plus puissant dans le maintien de son homéostasie psychosomatique.

Je pratique comme psychothérapeute depuis plus de vingt-cinq ans. Depuis quelques années, j'observe un recul des capacités imaginaires chez les personnes qui consultent. Beaucoup disent ne jamais se souvenir de leurs rêves et un bon nombre ont recours à la répression de leurs émotions au lieu de les vivre. Une telle attitude me semble correspondre à l'accentuation de la tendance sociale axée sur la performance, la logique et le matériel, qui laisse peu de place à la vie intérieure. Or, privés du recours à l'imaginaire, les individus sont plus facilement submergés par l'angoisse et la dépression. Quand on est dépourvu de moyens psychiques pour sortir des situations problématiques, le sentiment d'être dans une impasse survient plus rapidement.

Parallèlement, notre société connaît une hausse marquée des dépressions et des suicides. Et ces dépressions ont changé de visage. Alors qu'autrefois la symptomatologie dépressive était dominée par la culpabilité, c'est l'estime de soi qui est en souffrance chez les déprimés d'aujourd'hui. Ces derniers se dévalorisent facilement devant leur échec à faire face à toutes leurs obligations. Leurs propres exigences et les pressions sociales qui valorisent la performance sont telles qu'ils ne réalisent pas à quel point ils se demandent l'impossible. De plus, de nombreuses dépressions se cachent derrière divers troubles fonctionnels : maux de tête, problèmes cardiovasculaires, troubles gastriques et intestinaux, chute de cheveux, problèmes glandulaires, etc. Les consultations médicales pour ces dépressions masquées sont en hausse. Est-ce à dire que la dépression essentielle serait en croissance dans notre société ? Le taux de certaines maladies physiques augmente également dans la population. Il n'y a jamais eu autant de cas d'allergies, d'asthmes, de maladies cardiovasculaires et de cancers, et nombre de décès frappent des personnes dans la cinquantaine, voire dans la quarantaine, alors que les conditions d'hygiène et les connaissances médicales ont augmenté l'espérance de vie. Certes, le rythme effréné de nos vies, la cigarette, l'obésité et la pollution expliquent en partie ces augmentations. À mon avis cependant, l'étouffement de l'imaginaire y contribue aussi.

La peur d'affronter la souffrance morale est-elle en train de tuer l'imaginaire ? Nous pourrions nous demander d'où vient la peur de souffrir : avons-nous à ce point perdu le sens de la souffrance pour vouloir ainsi l'évacuer de nos vies ? La souffrance morale, autant que physique, est inhérente à la nature humaine. Elle nous aide à mieux comprendre ce qui nous arrive et à mieux composer avec les situations difficiles, mais à condition d'être regardée en face. De plus, elle nous permet d'améliorer notre écoute de l'autre, notre tolérance et notre réceptivité face à nos proches, car nous ne comprenons bien un autre que lorsque nous avons vécu quelque chose de semblable à ce qu'il traverse. La souffrance, dans la mesure où elle ne dépasse pas nos capacités d'y faire face et de l'assimiler, nous rend plus humains. L'étouffer par la répression, ou recourir trop rapidement aux médicaments pour l'enrayer, procure peut-être un sentiment de bien-être dans l'immédiat, mais il s'agit d'un bien-être temporaire qui prend la place d'une véritable guérison psychologique. Cette dernière ne peut être atteinte que par un travail d'élaboration mentale mené à partir de la souffrance. Seul ce travail nous transforme véritablement de l'intérieur.

Dans le contexte d'une société si soucieuse d'efficacité et de rentabilité, que tentons-nous d'éliminer en enrayant toute forme de souffrance morale ? L'être ? La tolérance ? L'amour et la compréhension ? Le sens de la relation ? La vie elle-même ? Et quel impact cela a-t-il sur notre santé et sur celle de la collectivité ? La souffrance, la maladie et la mort sont inhérentes à la condition humaine. En tant qu'êtres humains, nous aimerions tous les enrayer et nous en avons tous le fantasme. En réalité, ni les sciences biologiques et médicales ni le seul pouvoir créateur de notre pensée ne pourront jamais y parvenir. En se donnant la main, médecine et psychisme peuvent toutefois conjuguer leurs efforts pour prévenir les maladies, mieux les soigner lorsqu'elles surviennent et aider la personne à souffrir et à mourir avec la force et la dignité d'un sujet.

Bibliographie

CROMBEZ, Jean-Charles. 1994. *La Guérison en écho*, Montréal, MNH.

CYRULNIK, Boris. 1995. *La Naissance du sens*, Paris, Hachette Littératures.
1999. *Un Merveilleux Malheur*, Paris, Odile Jacob.

DANTZER, Robert. 1989. *L'Illusion psychosomatique*, Paris, Odile Jacob.

DEBRAY, Rosine, DEJOURS, Christophe et FÉDIDA, Pierre. 2002. *Psychopathologie de l'expérience du corps*, Paris, Dunod.

DEJOURS, Christophe. 1988. *Le Corps entre biologie et psychanalyse*, Paris, Payot.
1989. *Recherches psychanalytiques sur le corps*, Paris, Payot.
2001. *Le Corps d'abord*, Paris, Payot,

DORTIER, Jean-François (coord.). 1999. *Le Cerveau et la Pensée*, Auxerre, Éditions Sciences humaines.

HUSTON, Nancy. 2001. *Journal de la création*, Paris, Babel.

LABORIT, Henri. 1980. *L'Inhibition de l'action*, Montréal, PUM.

LALONDE, Pierre, AUBUT, Jocelyn, GRUNBERG, Frédéric, et collab. 1999. *Psychiatrie clinique : Une approche bio-psycho-sociale*, tome premier, Montréal, Gaëtan Morin.

MACLEAN, Paul D. 1990. *Les Trois Cerveaux de l'homme*, Robert Laffont, Paris.
1967. « The Brain in Relation to Empathy and Medical Education », *Journal of Nervous and Mental Disease.*

MARTY, Pierre. 1990. *La Psychosomatique de l'adulte*, Paris, PUF, « Que sais-je ? », nº 1850.
1991. *Mentalisation et Psychosomatique*, France, Synthélabo, coll. « Les empêcheurs de tourner en rond ».

MCDOUGALL, Joyce. 1989. *Théâtres du corps*, Paris, Gallimard.

SEMPRUN, Jorge. 1997. *L'Écriture ou la Vie*, Paris, Folio.

STORA, Jean-Benjamin. 1993. *Le Stress*, Paris, PUF, « Que sais-je ? », nº 2575.

TADIÉ, Jean-Yves et Marc. 1999. *Le Sens de la mémoire*, Paris, Gallimard.

ZORN, Fritz. 1980. *Mars*, Paris, Gallimard.

ZWEIG, Stefan. 1983. *Destruction d'un cœur*, Paris, Le livre de Poche, nº 9525.

Table des matières

Achevé d'imprimer au Canada
sur les presses des Imprimeries Transcontinental Inc.